Franz Holubek

Schwurgerichtsverhandlung gegen den Schriftsteller Franz Holubek

Franz Holubek

Schwurgerichtsverhandlung gegen den Schriftsteller Franz Holubek

ISBN/EAN: 9783743492950

Hergestellt in Europa, USA, Kanada, Australien, Japan

Cover: Foto ©ninafisch / pixelio.de

Weitere Bücher finden Sie auf **www.hansebooks.com**

Schwurgerichtsverhandlung

gegen den

Schriftsteller Franz Holubek

wegen der in den

„Drei Engel-Sälen" zu Wien

gehaltenen

antisemitischen Rede

(nach stenographischer Aufzeichnung).

Wien, 1882.

Verlag des „Oesterreichischen Volksfreund", VI., Windmühlgasse 23 (C. v. Zerboni).

Druck von U. Kriß, I., Eschenbachgasse 11.

Vorwort.

Die Blitzesschnelle, mit der sich die erst kürzlich wieder zum Leben erwachte Judenfrage bereits den größten Theil Europas als Gebiet erobert hat, bringt mit sich, daß Keiner, der überhaupt politisch denken will, mehr an derselben achtlos vorbeigehen kann.

In der That beschränkt sich die Anzahl Jener, die bei solchen Anzeichen die Sache immer noch ignoriren wollen, wohl nur auf das nie aussterbende Geschlecht Derjenigen, die Augen haben zu sehen und doch nicht sehen, und Ohren zu hören und doch nicht hören.

Tiefer als je ein Einblick unmittelbar in der politischen Arena gewonnen werden kann, sind jene Perspektiven, die politische P r o z e s s e in Tagesfragen eröffnen.

Es rührt dies von der Gründlichkeit der Gewissenserforschung, welche gerichtliche Vernehmung mit sich bringt, eben so her, als von der Vollkommenheit und edlen Form der Mittel, die zur Gewinnung der Wahrheit hier, wie nirgends, zu Gebote stehen.

Durch die Art nun, wie sowohl zufolge der Verantwortung des Angeklagten, als durch die Defension seitens der Vertheidigung, die politische Frage unmittelbar mit ihrer scharfen Ecke in den Prozeß hineingerückt wurde,

durch die Vollendung der von sämmtlichen Funktionären aufgewendeten geistigen Mittel,

durch die Einhelligkeit des Wahrspruches,

durch den Ort der Prozeßabführung endlich, der stets als eine besondere Hochburg des Einflusses des Judenthums auf die bürgerlichen Verhältnisse gegolten hat,

Schwurgerichtsverhandlung.

Es erfolgt der Aufruf der Sache durch den Schriftführer.

Präsident (zum Angeklagten): Sie heißen Franz Holubek, sind Schriftsteller, 39 Jahr alt, verheirathet — unbescholten, wo sind Sie geboren?

Angeklagter: Geboren zu Wien und zuständig dahin.

Präsident: Ihr Glaubensbekenntniß?

Angeklagter: Römisch-katholisch.

Präsident: Welche Vorbildung haben Sie genossen?

Angeklagter: Ich habe das Gymnasium absolvirt, sodann an dem k. k. polytechnischen Institute in Wien die Prüfungen über die staatswissenschaftlichen Disciplinen mit Auszeichnung abgelegt. Seither obliege ich dem schriftstellerischen Berufe.

Präsident: Geben Sie Acht auf die Vorlesung der Anklage und den Gang der Verhandlung.

Hierauf erfolgt die Beeidigung der Geschwornen und die Amtserinnerung an die Zeugen; — der Schriftführer verliest sodann die

Anklageschrift.

Die k. k. Staatsanwaltschaft in Wien erhebt gegen Franz Holubek, in Wien geboren, dahin zuständig, 39 Jahre alt, katholisch, verheirathet, Schriftsteller, unbeanständet,

die Anklage:

Derselbe habe am 4. April 1882 hier in Wien dadurch, daß er in einer von ihm in die Saal-Lokalitäten „Zu den drei Engeln", Wieden, große Neugasse Nr. 36, einberufenen „Versammlung der christlichen Gewerbetreibenden" eine Rede hielt, in der er unter Anderem sagte:

„Der Jude sei nicht mehr unser Mitbürger, er habe sich zu unserem Herrn aufgeworfen, er sei unser Peiniger, unser Bedränger geworden. Der Christ soll geschwächt, vernichtet, entehrt werden, es sei so weit gekommen, daß in der Hauptstadt des Habsburger-Reiches ein Christ zittern müsse, sich als Christ zu bekennen. Ein Volk, dem schon Tacitus ein klassisches Brandmal aufgedrückt habe, habe sich zu unserem Herrn aufgeworfen, und uns sollte nichts übrig bleiben, als dieses Joch zu ertragen? Beurtheilt, ob ein solches Volk inmitten einer zivilisirten Gesellschaft noch eine Existenzberechtigung hat? Ich will Euch nicht aufreizen, aber hört und fühlt! Dieses Buch, der Talmud! Wißt Ihr, was in diesem Buche steht? Die Wahrheit! Und wißt Ihr, wie Ihr in diesem Buche bezeichnet seid? Als eine Horde von Schweinen, Hunden, Eseln!"

Andere zu Feindseligkeiten wider die jüdische Nationalität und Religionsgesellschaft angeeifert und zu verleiten gesucht; derselbe habe hiedurch das Vergehen gegen die öffentliche Ruhe und Ordnung nach § 302 St.-G., strafbar nach § 302 St.-G., begangen.

Beantragt wird:

1. Belassung des Beschuldigten auf freiem Fuße und Vorladung desselben zu der
2. bei dem k. k. Landesgerichte Wien als Geschwornengericht anzuberaumenden Hauptverhandlung,
3. Vorladung der Zeugen Carl Müller, Georg Ritter v. Schönerer, Franz Masaidek,
4. Vorlesung der Leumundsnote und der Auskunftstabelle.

Gründe.

Der in Wien domicilirende Schriftsteller Franz Holubek berief für den 4. April b. J. in die Saal-Lokalitäten „Zu den drei Engeln", Wieden, große Neugasse Nr. 36, eine Versammlung der christlichen Gewerbetreibenden ein, welche von 700 bis 800 Theilnehmern besucht wurde.

Müßte es schon an sich auffallen, daß Franz Holubek, der Schriftsteller ist und daher den vitalen Interessen der Gewerbetreibenden ziemlich ferne steht, auf einmal den Beruf verspürte, ein agitatorisches Treiben für die Gewerbetreibenden an den Tag zu legen, daß die Ladung speziell nur an Gewerbetreibende „christlicher Konfession" erging, daß auch der zum Vorsitzenden erwählte Reichsraths-Abgeordnete Ritter von Schönerer in seinem kurzen Appell an die Anwesenden die Hoffnung aussprach, daß nur christliche Gewerbetreibende anwesend seien, daher die Ordner nicht nöthig haben werden, gegen etwaige Ruhestörer einzuschreiten, lauter Umstände, die auf die pronouzirt antisemitische Tendenz der Versammlung hinwiesen, so sollte doch bald der Verlauf der Verhandlungen selbst alle Anwesenden darüber klar werden lassen, daß es sich bei der Versammlung nicht so sehr um das Wohl und Wehe der Gewerbetreibenden und die Berathung der Mittel, den Drangsalen des Gewerbestandes aufzuhelfen, sondern nur um eine antisemitische Propaganda handle, daß die Versammlung nur dazu einberufen worden sei, die Judenfrage in tendenziöser und gehässiger Weise zu diskutiren.

In der That gesteht auch der Beschuldigte, daß der Zweck der von ihm einberufenen Versammlung der war, in derselben den Beschluß einer Resolution zu Stande zu bringen, daß dem schädlichen, überwuchernden Einflusse des Judenthumes im Wege der Reichs-, Landes- und Gemeinde-Gesetzgebung durch Reaktivirung jener Gesetzesbestimmungen Einhalt geboten werde, die bis zum Jahre 1848 und später noch in Rechtskraft bestanden haben. Der Beschuldigte, welcher den Wortlaut der von ihm gehaltenen Rede auch bezüglich der inkriminirten Stellen zugesteht, läugnet die Absicht, die Juden herabzusetzen, die Versammelten gegen dieselben zu erbittern, oder zu Feindseligkeiten gegen die Juden aufzufordern, und will die Rede nur zu dem Ende gehalten haben, um bei den Versammelten den Beschluß der oben gedachten Resolution zu erwirken, dieselbe auch zur Kenntniß der Behörde zu bringen.

Wenn es auch klar ist, daß eine solche Resolution, selbst wenn sie zu Stande gekommen wäre, bei dem Bestande der durch das Staatsgrundgesetz vom 21. Dezember 1867 gewährleisteten Rechte der sämmtlichen Staatsbürger, namentlich im Hinblick auf die Normen der Artikel 1, 2, 5, 14, 15, 19 des gedachten Gesetzes, niemals Aussicht gehabt hätte, bei den gesetzgebenden Faktoren des Reiches einen wenn auch noch so geringen Erfolg zu erzielen, so dokumentirt doch die Anregung derselben eine judenfeindliche Gesinnung des Beschuldigten, und das Bestreben desselben, diese Gesinnung bei Anderen zu erzeugen oder zu vermehren. Dieses Bestreben fällt um so schwerer in's Gewicht, als die Anklage mit dem Faktor rechnen kann und muß, daß dem Angeklagten die gesetzlichen Bestimmungen des Staatsgrundrechtes wohl bekannt waren.

Zieht man nun die in dem Tenor der Anklage besonders hervorgehobenen Phrasen, namentlich den Hinweis auf die Sprüche des Talmud in Betracht, welche lediglich den Zweck haben konnten, die aus empfänglichen Elementen zusammengesetzte Versammlung zu erbittern und aufzureizen, so ist die Versicherung des Beschuldigten, daß sein Zweck nicht der gewesen sei, zu Feindseligkeiten aufzufordern, sei sie in der Versammlung selbst im Verlaufe der Rede, oder später im Verhöre zum Ausdrucke gebracht worden, unhaltbar.

In der That ist es dem Beschuldigten auch gelungen, durch seine Rede eine hochgradige Aufregung und Erbitterung seiner Zuhörer zu erzeugen, die namentlich nach dem Citate aus dem Talmud lauten Ausdruck fand, und sah sich der Regierungs-Kommissär, der beim Herrn Vorsitzenden der Versammlung die gesuchte Unterstützung nicht fand, genöthigt, die Versammlung aufzulösen. — Nachdem die Handlungsweise des Beschuldigten geeignet erscheint, den Thatbestand des Vergehens nach § 302 St.-G. zu begründen, ist die Anklage gerechtfertigt.

Dr. v. Peljer.

Präsident: Sie haben die Anklage gehört, bekennen Sie sich schuldig?

Holubek: Entschieden nicht schuldig.

Präsident: Sie haben das Recht, der Anklage eine zusammenhängende Darstellung des Sachverhaltes entgegenzustellen. Machen Sie hievon Gebrauch?

Holubek: Ich verzichte hierauf. Ich läugne nicht das geringste, von dem gesagt zu haben, was die Anklage aufführt. Ich hoffe aber Gelegenheit zu haben, mich beim Verhöre, das ich mit mir anzustellen bitte, hierüber zu rechtfertigen.

Präsident: Wie kamen Sie dazu eine Versammlung für christliche Gewerbetreibende einzuberufen?

Holubek: Ich wurde von sehr vielen Gewerbetreibenden mündlich sowohl, als brieflich aufgefordert, eine Versammlung einzuberufen und zwar mit der Motivirung, ein Geschäftsmann sei nicht in der Lage, öffentlich in der Gewerbefrage, die im innigsten Zusammenhange mit der Judenfrage steht, aufzutreten.

Präsident: Was war der Zweck dieser Versammlung?

Holubek: Die Darstellung der gewerblichen Verhältnisse im Allgemeinen und hieran wollte ich die Betrachtung knüpfen, daß durch das Judenthum der Gewerbestand geschädigt sei.

Ich habe in Beziehung auf die allgemeinen Rechtsverhältnisse der Juden nur das beantragt, was in Oesterreich bis zum Jahre 1848 und wohl auch später noch Gesetz war.

Präsident: Was wurde jedoch bei Einberufung dieser Versammlung als Zweck derselben angegeben?

Holubek: Ich habe bei der Polizeibehörde erklärt, ich werde eine Versammlung christlicher Gewerbetreibender einberufen und dies wurde mir auch bewilligt. Als Tagesordnung war festgesetzt: „Die gegenwärtige Lage des Kleingewerbes und das Verhältniß desselben zur Presse."

Präsident: Sie haben also die Versammlung einberufen; dieselbe war von zirka 800 Personen besucht. Und welchem Stande gehörten diese an?

Holubek: Die Majorität der Besuchenden war den gebildeten Ständen angehörig. Es waren Gewerbetreibende, Kaufleute, Fabrikanten, Professoren, kaiserliche Räthe, mehrere Hof- und Gerichtsadvocaten, Aerzte, mit einem Worte, ein sehr gewähltes Publikum anwesend. Eine Aufreizung konnte ich nicht hervorbringen, erstens erachte ich mich hierzu überhaupt nicht qualifizirt und dann bestand das Publikum, wie erwähnt, aus Elementen, denen man immer eine eigene Meinung zutrauen kann.

Präsident: Sie haben dann eine Rede gehalten. Ist es richtig, daß die in der Anklage insbesondere angeführten Stellen hierin vorgekommen sind, und daß ihre Worte auch einen aufreizenden Erfolg hatten.

Holubek: Daß eine Aufregung meinerseits provocirt wurde, muß ich in Abrede stellen. Ich glaubte, es müsse mir gestattet sein, Verhältnisse zu berühren, die den Juden etwa auch nicht angenehm sind. Ich bemerkte insbesondere bei Eröffnung der Versammlung, wir müssen in Ruhe verhandeln und das Gesetz achten. Die Aufregung, die stattgehabt haben soll, wurde provocirt von Leuten, die sich wiederholt als Lobredner der Juden bekannt haben. Einer derselben war der gegenwärtig wegen des an Merstallinger verübten Raubattentates in diesem Hause in Haft befindliche Arbeiter Pfleger.

Präsident: Sie haben sich geäußert, ein Volk, dem schon Tacitus ein klassisches Brandmal aufgedrückt habe, hätte sich zu unserem Herrn aufgeschwungen, und uns solle nichts übrig bleiben, als dieses Joch zu ertragen?

Holubek: Ich läugne keinen einzigen der Sätze, die mir die Anklage vorhält. Ich glaube hiemit die Wahrheit gesagt zu haben. Die Stelle des Tacitus ist ohnehin bekannt. Es ist jene, wo derselbe von den Juden

Staatsanwalt: Warum haben Sie gerade das Citat aus dem Talmud vorgetragen, das die Zuhörer besonders zu erbittern angethan war, daß alle Christen eine Horde von Schweinen, Hunden und Eseln seien?

Holubek: Ich glaube die Konstatirung der Thatsache, daß in einem Religionsbuche derlei vorkommt, kann nicht geeignet sein strafbar anzureizen. Wohl aber reizt Derjenige gegen sich auf, welcher sich zu solchen und ähnlichen Grundsätzen bekennt. Das Citat beruht auf Wahrheit und berufe ich mich in dieser Beziehung auf den k. k. Universitätsprofessor in Prag Dr. August Rohling, welcher einen Preis von Tausend Thalern für Denjenigen bestimmte, der nachweist, daß auch nur ein einziges Citat in seinem Buche „Der Talmud-Jude" falsch sei. Merkwürdigerweise hat sich noch kein Jude gefunden, diesen Preis zu gewinnen. Ich glaube, wenn man heutzutage irgend eine Gesellschaft mit solchen Satzungen gründen würde, wie in dem von mir zitirten Buche enthalten, so könnte dieselbe nie und nimmer zugelassen werden. Da meine ich, steht auch Jedem das Recht zu, über solche Sätze sich aufzuhalten.

Dr. Pattai: Ist Ihnen bekannt, daß Geld vertheilt worden sein soll?

Holubek: Ja.

Dr. Pattai: Zu welchem Zweck?

Holubek: Um die Versammlung zu stören.

Staatsanwalt: Noch eine Frage. Ist Ihnen, Herr Holubek, aus der Geschichte des Mittelalters und der Neuzeit bekannt, daß es wegen der Juden wiederholt zu blutigen Zusammenstößen kam?

Holubek: O ja!

Präsident: Ich schreite nunmehr zur Vernehmung des Zeugen, k. k. Polizei-Kommissärs Müller.

Derselbe tritt ein. Nach Beantwortung der allgemeinen Fragen:

Präsident: Ich bitte uns die Vorgänge bei der am 4. April in den „Drei Engel-Sälen" stattgehabten Versammlung zu erzählen.

Zeuge: Die Versammlung war von 700 bis 800 Personen besucht und hat Herr Holubek dieselbe mit einer kurzen Ansprache eröffnet.

Er forderte hiebei die Anwesenden auf, die Ruhe zu bewahren, man soll einig auseinandergehen, einig in Herz und Sinn und entschlossen zur kräftigen That.

Nachdem Holubek geendet, wurde zur Wahl des Präsidiums geschritten. Reichsrathsabgeordneter Georg Ritter v. Schönerer, zum Vorsitzenden, Privatier Johann Schramml zum Vizepräsidenten, und Schriftsteller Franz Masaidek zum Schriftführer gewählt.

Ritter von Schönerer hielt sodann eine Ansprache und forderte die Anwesenden auf, die Würde zu bewahren, es seien Ordner aufgestellt worden, welche jeden Störer geräuschlos aus dem Saale entfernen würden.

Herr Holubek begann nun folgendermaßen: Vor ungefähr 34 Jahren hat man aus freiem Entschlusse einem bisher nur geduldet gewesenen Volksstamme die Gleichberechtigung mit uns gegeben, wir haben gehofft, daß sich derselbe dieses Geschenkes würdig zeigen werde. Der Jude sei aber nicht mehr unser Mitbürger, er habe sich zu unserem Herrn, Peiniger und Bedränger aufgeworfen, der Christ soll geschwächt und entehrt werden; ein Volk, dem schon der Römer Tacitus ein Brandmal aufdrückte, wolle uns beherrschen — und uns solle nichts übrig bleiben, als das Joch zu ertragen. Hört und fühlt, hier ist der Talmud und wißt Ihr wie Ihr hierin genannt seid? Hunde, Schweine und Esel.

Ich forderte nun den Vorsitzenden, Herrn v. Schönerer, auf, den Redner zu unterbrechen, weil dies nicht zur Tagesordnung gehöre und derlei Ausfälle gegen die Juden nicht geduldet werden könnten.

Ritter v. Schönerer theilte der Versammlung mit, daß er von mir aufgefordert sei, den Redner aufmerksam zu machen, daß diese Ausführungen nicht zur Tagesordnung gehören, da aber die Ausführungen seiner Ansicht nach die Einleitung zur Tagesordnung bilden, sehe er keinen Anlaß, den Redner zu unterbrechen.

Nachdem nun meiner Aufforderung keine Folge geleistet wurde, sah ich mich veranlaßt, die Versammlung im Sinne des § 13 des Gesetzes über das Versammlungsrecht aufzulösen.

Präsident: Was beobachteten Sie bezüglich der Eindrücke, welche die Rede Holubek's machte?

Zeuge: Es wurden bei Citirung der Stellen aus dem Talmud Rufe laut: „Schändlich, niederträchtig." Als gesagt wurde die Juden seien die Herren der Christen, wurde gerufen: „Sehr richtig!"

Präsident: Ist die Versammlung ruhig auseinander gegangen?

Zeuge: Einige Momente nach meiner Erklärung der Auflösung war lautlose Stille, dann hat sich ein kurzer Tumult erhoben, als ich jedoch nochmals aufforderte den Saal ruhig zu verlassen, ist dies ohne eine Störung geschehen.

Präsident Ist Ihnen bekannt gewesen, was der Inhalt der Resolution war?

Zeuge: Nein.

Präsident (zum Angeklagten): Was haben Sie zu bemerken?

Holubek: Wenn meine Rede eine so große Aufregung hervor gebracht hätte, so fällt mir auf, warum mich der Herr Polizeikommissär nicht früher zur Ruhe verwies. Er hat nur aufgelöst, weil das Gesagte nach seiner Auffassung nicht zur Tagesordnung gehörte.

Präsident: Der Herr Zeuge sagt aber, daß er die Versammlung auflöste, weil Sie aufreizende Reden führten.

Holubek: Der Herr Zeuge sagte nur, daß dies eine Ueberschreitung der Tagesordnung sei und nicht hieher gehöre, und als Ritter von Schönerer erklärte, es sei dieß nur die Einleitung, erklärte der Herr Regierungsvertreter die Versammlung für aufgelöst.

Dr. Pattai: Ich möchte nur fragen: Herr Commissär haben also Herrn Ritter von Schönerer gesagt, er solle den Redner auf die Tagesordnung verweisen. Wenn selber nun dieser Aufforderung nachgekommen wäre, würde dann die Versammlung auch aufgelöst worden sein?

Zeuge: Nein, dann wohl nicht. Ich kann auch nicht wegen ein zelner Ausschreitungen sofort auflösen.

Dr. Pattai: Ich danke.

Der Präsident schreitet nun zur Einvernehmung des Herrn Georg Ritter v. Schönerer:

Derselbe ist 39 Jahre alt, geboren zu Wien, katholischer Religion, Reichsrathsabgeordneter und Herrschaftsbesitzer. Ueber Befragen des Vorsitzenden erzählt Zeuge

Ritter v. Schönerer: Herr Holubek hat mich am Tage vor der Versammlung ersucht, den Vorsitz in dieser Versammlung zu übernehmen. Ich habe ihm dies zugesagt, unter der Bedingung, daß dieselbe aus anständigen Elementen bestehe.

Herr Holubek hat mir ferner mitgetheilt, daß er in dieser Versammlung eine Resolution beantragen werde, welche die Beschränkung der Rechte der Juden verlangt.

Ich sagte es sei meiner Erfahrung nach unpraktisch, in großen Volksversammlungen lange in's Detail ausgearbeitete Resolutionen zu beantragen, es wäre empfehlenswerther eine kurze Fassung zu wählen, die den Gedanken nur zum principiellen Ausdruck bringt, und habe ihm folgenden Wortlaut vorgeschlagen:

„Die am 4. April 1882 in den Sälen „Zu den drei Engeln" ver„sammelten Gewerbetreibenden erwarten eine gründliche und dauernde Ver„besserung der gewerblichen und sozialen Verhältnisse nur dann, wenn dem überwuchernden und schädigenden Einflüsse des Judenthums im Wege der Gesetzgebung Einhalt gethan wird". Ob nun Herr Holubek meine oder seine Resolution beantragen wollte, ist mir nicht bekannt.

Ich erklärte mich nun, nachdem ich zu Anfang der Versammlung so ziemlich von Tisch zu Tisch gegangen war und mich überzeugt hatte, daß die überwiegende Mehrzahl durchaus aus soliden Elementen bestand, bereit den Vorsitz zu übernehmen und wurde auch gewählt, ohne Widerspruch zu finden.

Herr Holubek erhielt nun das Wort, und sprach von der Bedrückung der Bevölkerung durch die Juden. Kurz aber nachdem er begonnen, forderte mich der anwesende Regierungs-Commissär auf, den Redner darauf aufmerksam zu machen, daß seine Worte nicht zur Tagesordnung gehören. Darauf erhob ich mich und sagte zur Versammlung, ich sei der Ansicht, daß die Worte des Redners allerdings zur Tagesordnung gehören, nämlich die Einleitung zu derselben bilden; ich sehe mich darum nicht veranlaßt, der Aufforderung des Regierungs-Commissärs Folge zu leisten. In Folge dessen erklärte der Regierungs-Commissar die Versammlung für aufgelöst, jedenfalls weil ich den Redner nicht aufgefordert habe, von seinen bisherigen Ausführungen abzugehen. Denn hätte der Commissär einen Anstand in dem Inhalte der Ausführungen gefunden, so hätte er nach seiner Auffassung die Versammlung schon früher schließen müssen. Wenn ich den Redner zur Mäßigung aufgefordert hätte, so hätte der Herr Commissär die Versammlung nicht aufgelöst. Nachdem mich als Vorsitzenden die Verantwortung trifft, und ich durch mein Vorgehen meinen Standpunkt klargestellt hatte, daß ich die Ausführungen des Redners billige, mußte ich mich wundern, daß ich von Seite der Staatsanwaltschaft nicht in den Anklagezustand versetzt worden bin. (Bewegung im Publikum und auf der Geschwornenbank.)

Der Vorsitzende fordert zur Ruhe auf. Zum Zeugen gewendet: Das gehört wohl nicht zur Beantwortung der Frage, die ich an Sie richtete.

Präsident: Erinnern Sie sich an die Stelle in der Rede Holubek's, wo es heißt, daß die Juden sich zu Herren der Gesellschaft aufgeworfen haben?

Schönerer: Wenn eine solche Aeußerung vorgekommen ist, so hat sie jedenfalls der Wahrheit entsprochen. (Bewegung im Zuschauerraume.)

Präsident: Ich bitte, uns nicht Ihre Anschauungen darzulegen. Können Sie bestätigen, daß eine solche Aeußerung gefallen ist?

Schönerer: Ja, dem Sinne nach.

Präsident hält nur die einzelnen in der Anklageschrift incriminirten Passus dem Zeugen vor, der dieselben durchwegs bestätigt.

Präsident: Erinnern sich Herr Zeuge, daß bei einzelnen Stellen, die gesprochen wurden von Seite der Zuhörer, Beifallszeichen gegeben wurden, sei es zustimmend oder ablehnend?

Schönerer: Es ist mir gleich klar geworden, denn ich habe in derlei Sachen einige Erfahrung, indem ich in mehr als 300 Versammlungen mitgewirkt habe, — daß Elemente da waren, welche die Versammlung stören wollten.

Präsident: Ist es vorgekommen, daß Personen aus dem Saale entfernt worden sind?

Schönerer: Ich glaube nicht.

Präsident: Was machte die Versammlung betreffs ihrer Stimmung für einen Eindruck auf Sie?

Schönerer: Es machte mir den Eindruck, daß der überwiegende Theil der Anwesenden mit den Erörterungen einverstanden war, es sind nämlich Aeußerungen gefallen, aus denen man eine billigende Zustimmung entnehmen konnte.

Präsident: Entstand bei der Auflösung der Versammlung eine Bewegung?

Schönerer: Eine außerordentliche Aufregung nicht; es herrschte ein gewisses allgemeines Erstaunen darüber, daß man nicht öffentlich die Wahrheit äußern dürfe.

Präsident: Sie meinen, daß sich die Bewegung mehr gegen die Auflösung der Versammlung gerichtet hätte?

Schönerer: Ganz richtig.

Hierauf wird vernommen Zeuge Franz Majaidek, derselbe ist 41 Jahre alt, katholisch, Journalist, Redacteur des „Wiener Figaro".

Ueber Aufforderung des Präsidenten erzählt Zeuge:

Ich bin in die Versammlung gekommen und habe ein ungewöhnlich gewähltes Publikum angetroffen, bestehend aus vielen Ständen, besonders Gewerbetreibenden, Professoren, Hof- und Gerichts-Advocaten, Schriftstellern ꝛc., ein kleiner Bruchtheil waren auch Arbeiter. Es war mit einem Worte ein ganz anderes Publikum, als man sonst in allgemeinen Versammlungen zu treffen gewohnt ist. Auch der Saalbesitzer hat dasselbe mit Distinction behandelt, denn während man sonst bei unseren Volksversammlungen jedes Glas Bier vorausbezahlen muß, da man nie weiß wie lange die Versammlung dauert, und was dann geschieht (Heiterkeit), so wurde hier Alles nachträglich gezahlt. Man ersuchte mich, als Schriftführer zu fungiren. Ich weigerte mich anfangs, da ich kein Kleingewerbetreibender bin. Allein man sagte mir, da ich selbst einmal Geschäftsmann war, und auch kein Jude bin, was unter Schriftstellern in Wien eine Seltenheit ist, eigne ich mich besonders dafür. Auch sagte man mir, ich habe dabei gar nichts zu thun. Ich bin auch in der That nur zehn Minuten lang Schriftführer gewesen, dann war mein Amt wieder zu Ende, denn die Versammlung wurde aufgelöst. (Heiterkeit.)

Präsident: Sie haben gesagt, daß verschiedene Stände vertreten waren, waren auch Gewerbetreibende da?

Masaidek: Ja, aber nicht ausschließlich.

Präsident: Auch Arbeiter?

Masaidek: Ja, es waren nur einige Mitglieder der Arbeiterpartei da, es schien auch, daß Setzer vom „Extrablatt" und der „Neuen Freien Presse" anwesend waren. Man sprach hievon im Publikum, und ich schließe dies auch daraus, weil ich Rufe hörte wie „Hoch freie Presse"! „Hoch Extrablatt"! und doch kein Kleingewerbetreibender oder Jemand aus der Versammlung Anlaß hatte, ein solches Hoch auszubringen. (Allgemeine Heiterkeit.)

Ueber Aufforderung des Präsidenten, den Hergang zu erzählen, fährt Zeuge fort:

Holubek hat im Allgemeinen über die Juden Dinge gesagt, die wir schon oftmals in anderer Form gehört und gelesen haben. Es sind mir auch einige Kraftstellen erinnerlich, die auch in den Berichten vorkamen. Er sprach z. B. von Tacitus, der den Juden schon ein klassisches Brandmal aufgedrückt habe und Aehnlichem.

Präsident: Ist das Alles theilnahmslos aufgenommen worden?

Masaidek: Anfangs war es ganz ruhig, später schien es mir aber als ob eine kleine Partei da wäre, die Störungen machen wollte. Unterbrochen wurde nur einmal, als der Herr Kommissär aufforderte, der Redner möge bei der Tagesordnung bleiben. Es entstand sodann eine Bewegung, die bei jeder Auflösung entsteht, aber eine eigentliche Ruhestörung war nicht vorhanden.

Präsident: Haben Sie Ausrufe gehört?

Masaidek: Ja, aber erst nach Auflösung der Versammlung. Ich habe auch gehört, wie die Leute laut sagten, man könne über Alle reden, über die Czechen, die Pfaffen und dergleichen, nur über die Juden nicht.

(Heiterkeit im Publikum und auf der Geschwornenbank.) Ich glaube, es war wirklich nur eine Einleitung zur Tagesordnung: die Wiener Presse und die Judenfrage liegen ja nicht weit auseinander. Holubek wollte vielleicht weit ausholen, und es liegt in seinem Naturell, daß er mit einem gewissen Pathos spricht.

Zeuge Peter Reidhart ist 34 Jahre alt, katholisch, verheirathet, Schildpattwaaren-Fabrikant.

Präsident: Bitte uns kurz zu sagen, was Ihnen von der am 4. April 1882 abgehaltenen Versammlung bei den drei Engeln erinnerlich ist.

Reidhardt: Es war am 4. April, da ging ich durch die Neugasse und sah eine Menschenmenge angesammelt. Dort hörte ich, daß eine Versammlung von christlichen Gewerbetreibenden sei. Zwei Personen, an scheinend Arbeiter, sprachen zusammen, der Eine sagte: Wie viel hast Du hergegeben? Der Andere antwortete „5 fl." „Ich habe 6 fl. ausgegeben," erwiderte der Erstere. Da ich mich interessirte, ging ich näher hin und sah wie 10 fl. vertheilt wurden. Ich ging in den Saal hinein und hörte, daß die Versammlung soeben aufgelöst war. Es entspann sich nun ein Tumult, und da sah ich, daß jene Personen, die das Geld vertheilt und bekommen hatten, versuchten, eine Balgerei anzufangen, was ihnen jedoch nicht gelang. Einige Zeit nach der Versammlung hat der Herr Vertheidiger mich gefragt, ob ich dies bestätigen könnte. Ich habe gesagt, daß ich dies immer bestätigen werde, obwohl mir die gerichtliche Aussage sehr unangenehm ist. Ich bin kein Mitglied des Reformvereins und kein Antisemit, sondern habe Juden zu Kundschaften, und es ist mir unangenehm, dies auszusagen. Allein der Wahrheit will ich Zeugniß geben. Es haben auch andere Herren dies mit mir gesehen, allein keiner wollte als Zeuge gehen.

Präsident: Sie haben sich ja nicht rechtzufertigen, es macht Ihnen Niemand hier einen Vorwurf daraus, wenn sie die Wahrheit aussagen.

Präsident: Es kommt nun zur Verlesung des Amts-Bericht des Herrn Polizei-Kommissärs Müller.

Derselbe lautet:

Am 4. d. Mts. fand in den Lokalitäten zu den drei Engeln, IV., große Neugasse, eine von dem Schriftsteller Franz Holubek, geboren in Wien, dahin zuständig, 39 Jahre alt, VII. Neustiftgasse 3 wohnhaft, einberufene Versammlung der christlichen Gewerbetreibenden statt, die von

700—800 Theilnehmern, darunter Arbeitern, besucht war und bei der der gefertigte k. k. Polizei=Kommissär als Abgeordneter der Behörde intervenirte.

Die Versammlung wurde von Holubek um 8¼ Uhr Abends eröffnet und sprach derselbe in seiner Begrüßungsrede den Dank für den überaus zahlreichen Besuch aus.

Hochwichtige Fragen seien es, die heute zur Verhandlung kämen.

Von Ihnen, meine geliebten Mitbürger, ruft Redner aus — wird es abhängen, ob unsere Söhne und Enkel unser Andenken segnen oder ob die Nachwelt von uns sagen wird, wir seien ein entartetes Geschlecht gewesen, nur versunken in Schlemmerei und unfähig einen edlen Nationalgedanken zu fassen.

Vor Allem aber müsse er nun eine männliche, würdevolle Ruhe bitten, damit die edle Sache, die heute zur Verhandlung käme, nicht geschädigt würde. Zwei Ständen gelte es, um derentwillen heute verhandelt würde, dem Bürger= und dem vierten Stande. Nie und nimmer sollen diese zwei Stände, von schnöden Hetzern gegeneinander gehetzt, sich feindselig gegenüber stehen, beide Stände seien geadelt durch die Arbeit.

Ihr wißt am besten — ruft der Redner aus — in welch' trostlosem Zustande unser Kleingewerbe und unsere ganzen gewerblichen und sozialen Verhältnisse sich befinden.

Deshalb habe ich Euch heute hieher berufen, um Euer gerechtes Urtheil zu hören. Nicht zu wüstem Gezänke, sondern höherer Zwecke wegen sind wir erschienen, um auseinander zu gehen, einig im Herzen und Sinn, aber auch entschlossen zur kräftigen That.

Nach dieser mit vielen Bravorufen unterbrochenen Rede wurde zur Wahl des Präsidium geschritten. Ueber Antrag Holubek's wurde der Reichstagsabgeordnete Georg Ritter von Schönerer zum Vorsitzenden, Johann Schramel, Privat, VI., Windmühlgasse 24 wohnhaft, zum Vorsitzenden=Stellvertreter und Franz Majaidek, Mitarbeiter des „Figaro", VI., Esterhazygasse 6 wohnhaft, zum Schriftführer und zwar mit Acclamation gewählt.

Ritter v. Schönerer übernahm den Vorsitz, dankte für das ihm geschenkte Vertrauen und theilte mit, daß vom Einberufer eine genügende Anzahl Ordner bestellt worden sei, die den Auftrag hätten, jeden Ruhestörer geräuschlos aus dem Saale zu entfernen (Heiterkeit), er hoffe aber, daß nur christliche Gewerbetreibende anwesend seien, und die Ordner nicht nöthig haben werden einzuschreiten.

Als erster Redner erhält der Einberufer, der Schriftsteller Holubek, das Wort.

Derselbe begann folgendermaßen:

Vor 34 Jahren haben wir aus freiem Entschlusse einem bisher nur gebildet gewesenen Volksstamm gleiche Berechtigung mit uns gegeben. Wir haben gehofft, daß derselbe sich dieses Geschenkes würdig zeigen werde, aber unsere Hoffnungen seien getäuscht worden.

Der Jude sei nicht mehr unser Mitbürger, er habe sich zu unserem Herrn aufgeworfen (Rufe: „Sehr richtig!") er sei unser Peiniger, unser Bedränger geworden.

Der Christ soll geschwächt, vernichtet, entehrt werden, ja so weit sei es gekommen, daß in der Hauptstadt des Habsburger-Reiches unter dem Scepter eines katholischen Fürsten ein Christ zittern müsse sich als Christ zu bekennen und daß man uns Christen verbieten wollte uns zu versammeln, um unsere heiligsten Interessen zu berathen.

Auf allen Gebieten des öffentlichen Lebens, sei es das politische, sei es das soziale, trete uns eine Erscheinung entgegen, die wir kaum für möglich gehalten hätten.

Ein Volk, dem schon der Römer Tacitus ein klassisches Brandmal aufgedrückt habe, hat sich zu unserem Herrn aufgeschwungen, und uns soll nichts übrig bleiben, als dieses Joch zu ertragen?

Nicht die angebliche Intelligenz sei es, die dieses Volk bestimmt uns zu unterdrücken und den Fuß auf unseren Nacken zu setzen, eine andere Eigenschaft, es ist sein Glaube und seine Sittenlehre.

Hört! — ruft Redner aus — und urtheilt ob ein solches Volk inmitten einer zivilisirten Gesellschaft noch eine Existenzberechtigung hat.

Ich will Euch nicht aufreizen, aber hört und fühlt.

Dieses Buch, der Talmud, und wißt Ihr was in diesem Buche steht? Die Wahrheit, und wißt Ihr, wie Ihr in diesem Buche bezeichnet seid, als eine Horde von Schweinen, Hunden, Eseln.

Bei dieser Stelle wurde der Vorsitzende, Ritter v. Schönerer, vom Gefertigten aufgefordert, den Redner an die Tagesordnung zu weisen, da derlei Ausfälle gegen eine gesetzlich anerkannte Religionsgenossenschaft nicht geduldet werden könnten. —

Ritter v. Schönerer theilte der Versammlung mit, daß er vom Regierungsvertreter aufgefordert worden sei, den Redner aufmerksam zu machen, daß diese Ausführungen nicht zur Tagesordnung gehören, da aber diese Ausführungen nach seiner Ansicht die Einleitung zur Tagesordnung seien, sehe er keinen Anlaß den Redner in irgend einer Weise zu unterbrechen.

Nachdem der Aufforderung des Gefertigten keine Folge geleistet wurde, sah sich derselbe genöthigt, die Versammlung im Sinne des § 13 des Gesetzes über das Versammlungsrecht vom 15. November 1867, Nr. 135 R.-G.-Bl., für aufgelöst zu erklären.

Das Präsidium verließ sofort die Tribüne.

Nach einigen Augenblicken lautloser Stille erhob sich ein Tumult, der sich aber alsbald wieder legte, als der Gefertigte die Anwesenden im Namen des Gesetzes aufforderte den Saal zu verlassen, widrigenfalls derselbe durch die Wache geräumt werden müßte. —

Ein Arbeiter rief:

„Dem Herrn Kommissär unseren Dank im Namen des vierten Standes."

Die Anwesenden verließen den Saal, ohne daß es zu einer Störung gekommen wäre.

Die Versammlung, welche um 8¼ Uhr Abends begonnen hatte, endete bald nach 8½ Uhr Abends.

Karl Müller.

Präsident (zum Angeklagten): Haben Sie hierauf etwas zu bemerken?

Holubek: Nein, **ich läugne keinen der im Berichte erwähnten Aussprüche.**

Präsident: Es kommt weiters zur Verlesung die Polizei-Note:

Franz Holubek, 37 Jahre alt, verheirathet, Schriftsteller, nach Wien zuständig, VII., Neustiftgasse 3 wohnhaft, liegt nichts Nachtheiliges vor und erfreut sich derselbe eines guten Leumundes.

Präsident: Von Seite der Vertheidigung ist auch die Vorlesung einer Stelle aus dem Werke von Dr. Rohling, Professor an der k. Carl Ferdinands-Universität Prag, „Der Talmudjude", in dem die mehrerwähnten Talmudcitate enthalten sind, beantragt.

Dr. Pattai: Ich halte diesen Antrag aufrecht, da hiedurch bewiesen wird, daß das vom Angeklagten gebrachte Citat echt ist.

Staatsanwalt: Ich habe nichts gegen diese Vorlesung. **Ich kann nicht läugnen, daß diese Stelle im Talmud steht.**

(Bewegung im Publikum und auf der Geschwornenbank.)

Präsident (verliest nun das Citat):

„*Ja Hunde sind dem Talmud die Nichtjuden, indem er zu Ex. 12, 16 von den heiligen Festen schreibt, sie seien für Israel, nicht für die Fremden, nicht für die Hunde* (Tr. Megilla 7. 2). *R. Mose b. Nachmann wiederholt dies mit der Variante: „Für euch, nicht für die Gojim, für euch, nicht für die Hunde" sind die Feste* (f. 50. 4. par Bo.). *Ebenso Raschi zu Ex. 12 in der Venediger Ausgabe, während in dem Amsterd. Pentateuch der Commentar von Raschi den Beisatz „nicht für die Hunde" weglässt. Wie Hunde, so sind die Nichtjuden auch Esel* (Tr. Berach. 25. 2.), *und Abarbanel sagt: das auserwählte Volk ist des ewigen Lebens würdig, die übrigen Völker sind den Eseln gleich* (Zu Hos. 4. f. 230. 4.). *Die Häuser der Gojim sind Häuser der Thiere* (Leb. tob. f. 46. 1.); *und Ben Sira antwortete, als ihm Nabuchodonosor seine Tochter zum Weibe bot: Ich bin ein Menschenkind und kein Vieh* (Sira f. 8. 2.). *Der grosse Menachem* (L. c. f. 14. 1. par 1.) *sagt: Ihr Israeliten seid Menschen, die übrigen Völker aber sind keine Menschen, weil ihre Seelen vom unreinen Geiste herkommen, Israels Seelen aber von Gottes heiligem Geist. Der Jalkut* (Jalk. rub. f. 10. 2.) *schreibt in demselben Sinne, die Israeliten würden Menschen genannt, die Abgöttischen aber (wozu natürlich auch die Christen gehören, weil sie „einen Götzen" verehren), kommen von dem unreinen Geist und werden Schweine genannt. Ein fremdes Weib, das keine Tochter Israels ist, lehrt auch Abarbanel, ist ein Vieh* (Malk. h. in p. tavo.).“

Staatsanwalt: Ich bitte um aus der Vorrede zu konstatiren wann der Talmud entstanden ist?

Präsident: Ich kann dies, wenn die Parteien einverstanden sind, sogleich persönlich konstatiren:

Der Talmud ist circa 170 Jahre nach Christi Geburt geschrieben; aus dieser Zeit rührt Buch „Mischna" her; Buch „Gemera" ist circa 500 Jahre nach Christi entstanden. *)

---

*) Mischna — die Wiederholung (des Gesetzes), Gemera — die vollständige Erläuterung.
Anm. des Herausgebers.

Dr. Pattai (zum Angeklagten): Noch eine Frage? Ist die Rede, die Sie gehalten, nicht auch in den Zeitungen erschienen?

Holubek: Sie ist in sämmtlichen Blättern erschienen.

Dr. Pattai: Ist Ihnen von einer Konfiskation dieser Blätter bekannt?

Holubek: Es wurde keines konfiszirt.

Die Sitzung wird nunmehr behufs Feststellung der Frage an die Geschwornen unterbrochen. Nachdem der Gerichtshof wieder erschienen ist, wird die gestellte Frage verlesen. (Dieselbe erscheint bei Wiedergabe des Verdictes reproducirt.)

Präsident: Wenn von keiner Seite eine Einwendung gegen die Frage erhoben wird, ertheile ich dem Herrn Staatsanwalt das Wort:

Staatsanwalt v. Soos:

Meine Herren Geschwornen! Eine der wichtigsten und schönsten Errungenschaften der modernen Gesetzgebung ist das Staatsgrundgesetz vom 21. Dezember 1867. Wir verdanken dasselbe neben dem Zusammenwirken aller gesetzgebenden Factoren der Güte und Weisheit der Krone. Der oberste Grundsatz desselben ist die Gleichheit aller Staatsbürger vor dem Gesetze. Obwohl Ihnen das Gesetz bekannt sein dürfte, will ich Ihnen doch einige Artikel desselben vorlesen. Ich brauche nur vorauszuschicken, daß durch das Staatsgrundgesetz die letzten Rudimente des Mittelalters und der vormärzlichen Zeit hinweggeschafft wurden, und die Gleichstellung aller Bürger erst zur vollen Geltung gelangte. Die ersten fünf Artikel dieses Gesetzes sind kurz, aber gewichtig. (Redner verliest dieselben.) Am meisten aber kommen hier Artikel XIV., welcher volle Glaubens- und Gewissensfreiheit gewährt, und Artikel XIX in Betracht, in welchem es heißt: „Vor dem Gesetze sind alle Volksstämme gleich, alle haben auf den Schutz und die Pflege ihrer Nationalität und Sprache ein unverletzliches Recht." Ich habe mir nicht umsonst erlaubt, diese Stellen der Staatsgrundgesetze zu citiren, welche das wahre Palladium der bürgerlichen Freiheit bilden. Der Angeklagte wollte nun nach seiner eigenen Angabe eine Resolution beantragen, welche mit diesem Gesetze in so diametralem Gegensatze steht, daß der Kontrast schon ein grotesker wird. Herr Holubek hat selbst die zehn Punkte seiner Resolution wortgetreu aus dem Gedächtnisse wiederholt. Alle zielen dahin ab, das Staatsgrundgesetz bezüglich eines Volksstammes, einer Race, total umzuändern. Ich kann diese zehn Punkte dahin zusammenfassen, daß eine Rückstauung unserer Gesetze bis hinter das Jahr 1848 erfolgen soll. Nur an bestimmten

Orten sollen sich die Juden aufhalten dürfen, auch dies nur mit besonderer Bewilligung, die Freizügigkeit derselben soll beschränkt, bezüglich der Steuerzahlung sollen dieselben anders gehalten werden als die Anderen und eine bestimmte Toleranzsteuer bezahlen.

Nun, meine Herren Geschwornen, in erster Linie möchte ich die Frage erheben, hat der Angeklagte darauf rechnen können und dürfen, daß auch nur ein einziger Punkt seiner Resolution Aussicht hatte, bei den gesetzgebenden Faktoren Anklang zu finden oder auch fernerhin Aussicht hat durchzudringen? Er selbst scheint der Ansicht zu sein, daß diese Resolution k e i n e A u s s i c h t auf Erfolg gehabt hat. Denn er hat gleich der Handlungsweise des von ihm verfehmten Volkes vorgeschlagen, er hat, wie er uns selbst mittheilte, Mehr begehrt, damit dann wenigstens etwas Weniger gegeben werde; und ich sage, bei dem gegenwärtigen Stande der menschlichen und staatlichen Gesinnung hatte kein einziger Punkt jemals Aussicht auf Aufnahme in's Gesetz.

Es gibt Dinge im Kulturleben und die Geschichte ist unsere Lehrmeisterin, die nicht rückgängig zu machen sind, da der Fortschritt ein solcher ist, daß ein Rückgang absolut unmöglich wird. Geradeso wie es heutzutage Niemandem einfallen wird — und wenn ich die Idee des Herrn Angeklagten verfolge, ist der Fantasie keine Grenze gesetzt — grade also wie es Niemandem mehr einfallen wird, an die Stelle unseres mündlichen Gerichtsverfahren ein solches von vorigen Jahrhunderten eintreten zu lassen, geradesowenig als es heute Jemandem einfallen wird, zu begehren die Tortur möge wieder eingeführt, oder die Schwurgerichte, die ja auch in den Staatsgrundgesetzen ihre Basis finden, sollen aus der Welt geschaft werden und zur Inquisition zurückgeschritten werden, wie es vor dem Jahre 1848 der Fall war, geradesowenig gibt es einen Rückschritt im Staatsgrundgesetz nach der vom Angeklagten gewünschten Richtung.

Gerade bezüglich des Staatsgrundgesetzes ist eine Rückstauung unmöglich, weil dies eine Krankheit der Gesellschaft zur Folge haben würde, die deren Auflösung zur Folge hätte. Und der Herr Angeklagte hat eine solche Zurückstauung zu seinem Ideal gemacht, er begehrt ausdrücklich — hier im Saale hat er die Worte gesprochen — die Reactivirung der die Juden betreffenden Gesetze, wie sie bis 1848 in Geltung waren.

Sehen Sie ab, meine Herren Geschwornen, daß es sich hier um die Juden handelt, rechnen wir mit allgemeinen Faktoren. Wie würden Sie über den Plan eines Menschen denken, der bezüglich irgend einer beliebigen Classe, die im Staate lebt, bezüglich irgend einer beliebigen Nationalität einen solchen Antrag stellen und durchbringen wollte, einen Antrag, der dahin abzielt, dieser Classe, dieser Nationalität, die freien bürgerlichen Rechte zu entziehen, ihr das, was ihr durch die Krone gewährt ist, zu entziehen? Wie würden Sie über einen solchen Menschen denken, würden Sie glauben, daß ein solcher Mensch diesem Volksstamme wohlgesinnt ist? Ich glaube gewiß nicht.

Wenn wir daher in erster Linie den Satz aufstellen, der Angeklagte konnte nie annehmen, daß die von ihm beantragte Resolution auch nur die geringste Aussicht auf Erfolg hatte, so kommen wir von selbst zu dem Schlusse, daß diese Resolution gar nicht der eigentliche letzte Zweck der damals von ihm zusammengerufenen Versammlung war, und andererseits auch zu dem weiteren Satze, daß in der Handlung des Herrn Angeklagten eine beabsichtigte Feindseligkeit liege.

Ich glaube gewiß, in ganz ruhiger und leidenschaftsloser Erwägung werden die Herren diese meine Behauptung acceptiren. Sehen Sie immer ganz ab, daß es sich im vorliegenden Falle um die Judenfrage handelt. Diese Frage, die keine politische, sondern eine sociale ist, wird nicht vom Angeklagten und nicht im Gerichtssaale gelöst.

Nachdem der Herr Angeklagte selbst das Geständniß abgelegt hat, daß er den Wortlaut des Staatsgrundgesetzes kennt, und die Tragweite voll erfaßt, kann ich eben den erwähnten Satz aufstellen, der Herr Angeklagte hat zu der Zeit, als er am 4. April zu den „Drei Engeln" die Versammlung einberufen hatte, gewußt, daß diese Resolution, wenn sie auch zu Stande kommt, niemals einen Erfolg haben wird.

Wenn Sie mit diesen Faktoren rechnen, daß Herr Holubek wußte, daß diese Resolution eine undurchführbare ist, dann frage ich den Herrn Angeklagten, warum hat er denn die Versammlung überhaupt einberufen? Er mußte von vorneherein wissen, daß das, was er will, unrealisirbar ist, weil er das ganze gewährleistete Recht auf den Kopf stellt.

Wenn wir aber die Frage stellen, warum hat er die Versammlung einberufen, so gibt es neben der Antwort, die uns der Herr Angeklagte gegeben hat, noch eine andere.

Ich gebe zu, daß die Idee des Herrn Angeklagten die gewesen ist, die Resolution zur Verlesung und Abstimmung zu bringen.

Der Zweck der Versammlung war aber ein ganz anderer und konnte nur auf Aufreizung gegen die Judenschaft gerichtet sein.

Ich brauche nicht darauf hinzuweisen, daß die Antisemitenbewegung in Deutschland weite, ja enorme Fortschritte gemacht hat. So viel ist gewiß, daß es auch in Wien eine Partei gibt, welche sich so nennt und diese Ziele verfolgt.

Der Angeklagte wird selbst nicht leugnen wollen, weil ja sonst die Einbringung dieser Resolution und die Zusammenberufung von seinem Standpunkte aus eine Ungeheuerlichkeit wäre, daß er dieser Partei ange=hört und antisemitische Zwecke verfolgt.

Wenn nun, meine Herren Geschwornen, eine Versammlung einbe=rufen wird von solchen Personen, die alle Gesinnungsgenossen sind, in einem geschlossenen Zirkel, in einem nicht öffentlichen Lokale, nur zugäng=lich den Eingeweihten des Bundes, da wird es keinem Regierungsvertreter einfallen, daß er solcher Reden halber eine Anklage erhebt. Hier ist eben die gleiche Gesinnung schon vorhanden, ein Objekt für die Aufreizung nicht gegeben.

Der Herr Angeklagte muß aber zugeben, daß die Versammlung in einem öffentlichen, Jedermann zugänglichen Lokale stattgefunden hat. Die Versammlung fand nicht nur für geladene Gäste statt, es haben auch Neulinge Zutritt gehabt. Es haben Intelligenz und Arbeitervolk sich versammelt, solche, die der Gesinnung des Herrn Angeklagten bereits sein mochten, und solche, die es vielleicht werden sollten.

Ich bitte nun, meine Herren Geschwornen, wenn irgend Jemand eine solche Versammlung einberuft, und eine Brandrede hält, muß er nicht offenbar mit den Faktoren rechnen, welche Zutritt haben? Muß er nicht die Elemente kennen, prüfen und wissen, auf was für einen Boden die Saat fällt?

Wenn Sie den Zweck, den der Herr Angeklagte angegeben hat, in's Auge fassen und die Mittel, die er in Anwendung gebracht hat, um die Resolution vom Stapel zu lassen, so wird schon der innere Zusammen=hang dahin klar, daß es dem Herrn Angeklagten denn doch nicht allein darum zu thun war, die Resolution zur Kenntniß von ihm Gleichgesinnten zu bringen, sondern daß er den Boden, den er vor sich hatte, erst pflügen wollte. Denn wenn der Herr Angeklagte recht hätte, daß die anwesenden Personen ohnehin ihm gleichgesinnt waren, was bedurfte es dann der markanten Einleitung?

Was brauchte es dann, um diese Resolotion zur Abstimmung zu bringen — es waren ja lauter Antisemiten im Saale, die ohnehin nicht mehr aufgereizt zu werden brauchten — was brauchte es dann, meine Herren Geschwornen, erst den drastischen Hinweis auf das Darniederliegen des Gewerbestandes, woran die Juden Schuld sein sollen?

Wozu bedurfte es dann der markanten Stellen, daß sich der Jude zum Herrn aufgeworfen habe, daß der Christ geschwächt, vernichtet und entehrt werden solle; wozu bedurfte es des unnützen Hinweises auf ein Werk, den Talmud, das 170 nach Christi geschrieben worden ist, zu einer Zeit, wo die gegenseitigen Positionen der Religionen und der Völker ganz andere gewesen sind, als heute im modernen Staate!

Der Gebrauch dieser Citate ist das stärkste Beweismittel für mich! Wenn der Angeklagte nichts Anderes wollte, als seine Resolution durchbringen, wenn er Derjenige gewesen ist, der nur im Wege der Reichs- und der Landesverfassung eine Aenderung der Gesetze inszeniren wollte, wozu das Wiederauffrischen dieser Schimpfreden aus längst vergangenen Zeiten, wo die Verhältnisse der Völker noch ganz andere waren. Heute bestehen solche Reibungen nicht mehr; die Juden leben seit vielen Jahren im tiefsten Frieden mit uns im Staate. (Gemurmel im Auditorium.)

Ein denkender Mensch von der intellektuellen Befähigung des Angeklagten, weiß was er thut, was er spricht. Der Herr Angeklagte ist nicht unvorbereitet in die Versammlung gegangen. Ich muß annehmen, er dürfte sich früher überlegt haben, was er thun wird und welche Tragweite seine Reden haben können, und wenn er diese Wirkung nicht als Endziel im Auge gehabt hätte, dann würde er es einfach unterlassen haben, seine Resolution mit so drastischen Mitteln einzuleiten.

Ich bin der Einwendung gewärtig, daß ein Regierungsvertreter im Saale anwesend war, unter dessen Augen alles Das geschehen ist, was heute dem Angeklagten zur Last gelegt wird. Es ist auch ferner darauf hingewiesen worden, daß der Verlauf der Versammlung in den Zeitungen reproduzirt worden ist, ohne daß die Staatsanwaltschaft es für nöthig befunden habe, diese Zeitungen zu konfisziren, und ich glaube mich nicht zu täuschen, wenn man hieraus den Schluß ziehen will, es könne sonach diese Rede eine strafbare Handlung nicht begründen. Allein, meine Herren Geschwornen, dies ist ein Trugschluß.

Es ist etwas ganz Anderes, wenn der Verlauf irgend einer Versammlung in den Tagesblättern zur Kenntniß des Publikums gebracht wird, und ganz etwas Anderes, wenn irgend Jemand in einer Jedem zugänglichen Versammlung an die Anwesenden eine zündende Rede hält.

Nun, meine Herren, soll denn heute hier in diesem Saale dem Vertreter der kaiserlichen Polizeibehörde der seltsame Vorwurf gemacht werden, er sei zu liberal gewesen? Fordert man denn nicht immer Redefreiheit soweit sie nur möglich ist? Soll ihm zum Vorwurf gemacht werden, daß er zu freigebig in deren Gestattung war? Das gesprochene Wort ist schnell aus dem Munde, es kann nicht mehr zurückgedämmt werden, und wenn es einmal ausgesprochen ist, ist auch eine sofortige Intervention nicht mehr wirksam.

Ich gebe zu, daß eine solche Versammlung aus verschiedenen Elementen zusammengesetzt ist und es ist nicht absichtslos seitens des Angeklagten betont worden, daß größtentheils eine anständige Gesellschaft anwesend war. Es ist uns sogar die Nachricht gebracht worden, daß sonst bei Versammlungen das Bier von Glas zu Glas gezahlt werden müsse, weil die Dauer derselben und ihr Ausgang gar zu ungewiß sei, daß dies jedoch hier nicht so gehandhabt wurde.

Alles das ist absichtlich hervorgehoben worden, nur zum Zwecke, um darzuthun, die Versammlung war aus so ruhigen Elementen zusammengesetzt, daß von einer Aufreizung keine Rede sein kann.

Ich habe aber früher bereits gesagt und wiederhole es, die Elemente aus denen sich eine solche Versammlung zusammensetzt, liegen in einer Großstadt von der Bedeutung der unserigen nicht in der Machtsphäre Desjenigen, der die Versammlung einberuft.

Nun, meine Herren Geschwornen, stelle ich aber die weitere Frage: Hat die Rede Holubek's einen Effekt gehabt? Ich sage ja, meine Herren! Wo solche Reden gehalten werden, muß eine drohende Stimmung entstehen und was das bedeutet, haben wir in den letzten Zeiten in einer Nachbarstadt erst traurig erlebt!

Es ist nicht nothwendig, daß Derjenige, der aufreizt, zu irgend einer Feindseligkeit gegen irgend eine Nationalität direkt auffordert, es ist nicht nothwendig, daß er in die Worte ausbricht: „Schlagt die Juden nieder" oder „Zündet ihnen die Häuser über dem Kopf an", „raubt sie aus". Das ist zum strafbaren Thatbestand nicht erforderlich. Die Aufreizung ist schon gegeben, wenn von gewissen Elementen und im Bewußtsein, daß die Worte auf fruchtbaren Boden fallen, Feindseligkeit erregt, oder die bestehende Erbitterung gesteigert wird. Und ich frage Sie nun: Soll denn unsere Stadt durch die fortgesetzten Umtriebe von Agitatoren eine Stätte solcher Gräuel werden, wie sie Judenverfolgungen schon mit sich brachten? Wenn die Geister einmal erregt sind, steht es in keines Menschen Hand mehr, dieselben zurückzudrängen, und wenn eine toll gewordene Volksmasse die Grenzen des Gesetzes überschreitet, dann weiß man nie, wo die Bewegung endet; die Agitatoren aber verschwinden dann gewöhnlich. Es muß solchem Treiben ein Ziel gesetzt werden, denn wenn Wiederholungen solcher Versammlungen vorgekommen wären, dann hätte geschehen können, was — Gott gebe es — in einem Rechtsstaate nie geschehen darf und soll. Soll es wirklich zu Ereignissen kommen, wie solche in Preßburg stattfanden? Wenn einmal die Volksmassen geweckt sind, wenn die Brand= reden gezündet, dann hätte es nicht mehr in der Macht Holubek's gelegen, die Bewegung zurückzuhalten.

Seien Sie versichert, meine Herren Geschwornen, daß Das, was ich gesagt habe, nicht ein Gebilde einer erhitzten Fantasie des Staatsanwaltes ist. Die Geschichte unterstützt mich, die Geschichte des Mittelalters und der Neuzeit. Wer wagt es, die Verantwortung und Gefahr auf sich zu nehmen, wenn bei Zusammenstößen Blut fließt? (Mit Nachdruck.) Und das soll und darf nie und nimmer geschehen!

Sehen Sie ganz ab, meine Herren Geschwornen, davon, um welche Genossenschaft, um welchen Volksstamm es sich hier handelt, persönliche Ab= und Zuneigung dürfen hier gar keinen Spielraum haben. Auch ich stehe hier nicht als Anwalt der Judenschaft vor Ihnen, sondern nur als Anwalt des Staates, der solche Angriffe nicht zulassen kann. Es ist auch kein politisches Delikt, meine Herren Geschwornen, wegen dessen der Herr Angeklagte hier sitzt, sondern ein Vergehen gegen die öffentliche Ruhe und Ordnung. Ich habe Ihnen die Perspectiven gezeigt, die durch ein frei= sprechendes Verdikt heraufbeschworen würden; ich bin nicht zu weit ge= gangen.

Nicht ich bin der Erfinder dieser Perspektiven, die Geschichte lehrt uns dieselbe, und was geschehen ist, spricht für mich so laut und deutlich, daß ich nur die eine Bitte an Sie richte, wenn Sie sich in Ihr Bera= thungszimmer zurückziehen, so lassen Sie alle Antipathien und Sympa= thien zurück. Mögen Sie sonst über die Juden denken, wie Sie wollen, hier entscheiden Sie ohne Ab= oder Zuneigung, nur nach dem Gesetze, und wenn Sie nun finden, daß das, was der Angeklagte gethan hat, geeignet war zu Feindseligkeiten aufzureizen und aufzufordern, und wenn Sie sich weiter darüber klar sind, daß der Angeklagte im vollen Bewußtsein dessen, was er that, gehandelt hat — und er leugnet das ja selbst nicht — und wenn Sie überdies erwägen, daß die beabsichtigte Aufreizung auch in einem hohen Grade gelungen ist, so werden Sie im Hinblick auf die Wichtigkeit des abzugebenden Verdiktes, auf Ihren Amtseid und Ihr Gewissen das Schuldig gegen den Angeklagten aussprechen.

Präsident: Ich ertheile dem Herrn Vertheidiger das Wort.

Vertheidiger Dr. Robert Pattai:

Bleibt es auch richtig, daß im Gerichtssaale nicht über Fragen der Politik, sondern lediglich darüber entschieden werden kann, ob eine unter Anklage gestellte Handlungsweise gegen das Strafgesetz verstoße oder nicht, so kann doch in keinem politischen Prozesse zu einem Urtheile gelangt werden, wenn nicht zunächst die Tagesfragen klar gestellt sind, welche dessen faktische Grundlage bilden.

Stets, und auch in einem jüngsten Falle, weiter sogar als ich als Vertheidiger mir zu verlangen gestattete, ist diesem Bedürfnisse von Seite aller Functionäre in diesem Saale Recht geworden.

Wenn ich daher zunächst einen Ausgriff auf das politische Gebiet mir erlaube, so werde ich, ohne Ihre Geduld zu ermüden, nur so weit gehen, als ich nöthig habe, um die allgemeinen Prämissen zu gewinnen, die zur Beurtheilung des heutigen Falles nothwendig sind und aus denen ich dann sofort die Schlüsse auf das vorliegende konkrete Faktum ziehen werde.

Ueber nichts, meine Herren Geschwornen, sind im großen Publikum, ja auch in die gebildetsten Kreise hinauf, so irrige Anschauungen verbreitet, als über die Natur der Bewegung, die man mit dem Schlagworte Antisemitismus zu kennzeichnen pflegt. Zum größten Theile rührt diese von der schon oft gerügten unqualifizirbaren Weise her, in der eine in ihren eigenen Angehörigen so unmittelbar getroffene Presse, mit allen Mitteln der Entstellung, der Beleidigung und Verhöhnung sogar, die auftretende Frage zu verdunkeln und dabei möglichst zu verschwärzen sucht. Zum Theile aber folgt diese Unklarheit auch aus den vielfachen Komplikationen, die der Sache selbst anhängen.

Was man gemeinhin Judenfrage nennt, hat eine verschiedenfältige, der Wesenheit nach wohl vierfache Grundlage. Die eine Seite derselben ist die nationale im weiteren Sinne, wie sie mit dem Worte Rassenfrage getroffen wird, die nächste die sozial-wirthschaftliche, dann kommt bis zu einem gewissen Grade drittens auch die religiöse Seite in Betracht und endlich gesellt sich zu all' dem eine vierte Seite, die ich als die actuell politische bezeichnen möchte.

Das Gefühl der Nationalität beruht wohl nicht blos auf allgemeinen unklaren Antipathien und Sympathien, die ja bei der Allgemeinheit ihres Auftretens erst selbst wieder eines tieferen Erklärungsgrundes bedürften. Es beruht auf der wesentlich gleichartigen Anlage, Geistesrichtung und Gemüthsstimmung, welche von Natur aus jedem Volksstamme nach verschiedenem Maße gespendet sind. Sowie der Einzelne bei seiner Begegnung im Verkehr von einem jeden auffallenden Riß in dieser Homogenität empfindlich getroffen wird, so überträgt sich diese Erfahrung, wenn sie allgemein und regelmäßig gemacht wird, in's Volksbewußtsein und ist ein berechtigter und wichtiger, ja vielleicht der wichtigste Faktor des äußeren und inneren staatlichen Lebens. Wir sehen ihn mitspielen diesen Faktor bei allen europäischen Kulturvölkern, vielleicht oft mehr als günstig.

Wenn aber nun schon zwischen den europäischen Kulturvölkern untereinander, den Ariern, wie man sie wissenschaftlich bezeichnet, dieser Faktor mit Berechtigung im Staatsleben auftritt, ja gerade von gewisser Seite besonders forcirt wird, wieso kann gerade eben diese Seite verlangen, daß der unendlich tiefer gehende, viel einschneidendere Unterschied zwischen unseren Kulturvölkern und der semitischen Rasse, über den Niemand im Unklaren sein kann, der nicht selbst seinen Lebenserfahrungen Stillstand gebieten will, unberücksichtigt bleibe — verlangen, daß man den weit einschneidenderen Unterschied, der allerwege fühlbar wird, übersehe, während man für den hundertfach geringeren ein so feines Gefühl entwickelt?

Die Grundverschiedenheit dieser Nationalanlagen führt von selbst zur zweiten Seite der Frage, der sozial-wirthschaftlichen. Denn mit der tiefeingewurzelten instinktiven Empfindung der Wahrheit führt eben das allgemeine Bewußtsein die Verschiebung der sozialen und wirthschaftlichen Position, die heute offenbar zu Gunsten der Judenschaft gegenüber der christlichen Bevölkerung eingetreten ist, auf die eben erwähnte Verschiedenheit der Charakteranlage zurück. Uns will immer dünken, daß diejenigen Errungenschaften auf dem Gebiete materieller Güter eine höhere Achtung verdienen, welche durch unmittelbare und thatsächlich produktive Thätigkeit erworben sind, als diejenigen, welche ihre Ansammlung nur einer bloßen Ansichziehung der von Anderen erzeugten Güter im Wege der Spekulation zuzuschreiben haben.

Nun hat aber die Gesetzgebung der letzteren Jahrzehnte, und ich kann dies ungescheut sagen, denn es wird ja von den staatslenkenden Kreisen selbst anerkannt und auf Abhilfe gedacht, eine Richtung eingeschlagen, die geradezu dem vorwiegend spekulativen und nicht produzirenden Geiste der semitischen Rasse stets mehr Thür und Thor geöffnet, die Produktion selbst, auf der aber doch allein der wahre Volkswohlstand ruht, in entschiedenen Nachtheil gebracht hat. Drängt sich nun aber unwillkürlich die Meinung auf, auch die skrupulösere Auffassung höherer Lebensaufgaben und Pflichten, wie wir sie als unser Erbtheil betrachten, sei ein weiteres Hinderniß in diesem Kampfe um die materielle Grundlage des Daseins, so muß man wohl zugeben, daß die wirthschaftliche Seite der Frage keineswegs auf bloßem Neid und Mißgunst, im Gegentheil, daß sie vielmehr in einer tiefen moralischen und achtenswerthen Ueberzeugung fußt, einer Ueberzeugung, in der die staunenswerth rasche Verschiebung der Besitzverhältnisse, wie sie die jüngste Gegenwart Tag für Tag zu Gunsten der Judenschaft aufweist, nur wesentlich bestärken muß.

Mit besonderer Sorgfalt muß die dritte Seite der Frage, die religiöse, behandelt werden, denn hier ist am schnellsten das Schlagwort zur Hand: Eine dem fortgeschrittenen Jahrhunderte unwürdige Intoleranz auf dem Glaubensgebiete bilde die Grundlage des Antisemitismus.

Dem ist aber nicht so. Wer die Geschichte des zweitausendjährigen Zweikampfes jüdischer und arischer Weltanschauung mit wirklicher Gründlichkeit studirt, dem ist klar geworden, daß selbst in den früheren Jahrhunderten das Moment religiöser Unduldsamkeit keineswegs allein so ausschlaggebend war, wie man uns heute glaublich machen will. Vielfältig waren es auch damals wirthschaftliche und soziale Motive.

Gewichtige Zeugnisse sprechen hiefür. Zumal in der heutigen Zeit aber ist für Bürgerzwist aus dem bloßen Grunde einer anderen religiösen Meinung in der That kein Raum, und die immer weiteren Kreise, die mit erstaunlicher Schnelligkeit der Antisemitismus über Europa schlägt, wären in unserer, man möchte fast sagen glaubenslosen Zeit ganz unmöglich, wenn derselbe auf einem bloßen Vorurtheile des religiösen Bekenntnisses fußte.

Was man aber mit Recht auf diesem Gebiete verlangen kann, ist zweierlei: Erstlich darf man sich nicht wundern, wenn die christliche Bevölkerung, an die so nachdrücklich mit der Anforderung der Toleranz herangetreten wird, auch ihrerseits dieselbe beansprucht. Seit Jahrzehnten währt aber unausgesetzt in jenen Organen der öffentlichen Meinung, hinter denen man wieder vornehmlich Israeliten als Faiseure sucht, mit allen verwerflichen Mitteln der versteckte und offene Kampf gegen die christlichen Lehren. Und müssen diese unwürdigen Angriffe des Bekenntnisses, das für Millionen und Millionen hoch und heilig, der einzige Trost in Betrübniß, der festeste Hort in Bedrängniß ist, nicht Jedermann, und sei er auch religiös ganz indifferent, auf's tiefste indigniren?

Ward so je Gastfreundschaft gelohnt, begehrte Duldsamkeit erworben und vergolten? (Bravorufe im Publikum.)

Andererseits ist aber gerade von jener Seite so oft hervorgehoben worden, auch die christliche Kirche müsse sich den Anforderungen des Staates unterwerfen. Von einer solchen Zensur auf ihrem Gebiete wollen die Herren aber durchaus nichts wissen.

In dieser Richtung ist jede Andeutung ein Verbrechen, jede Kritik ein Akt mittelalterlicher Brutalität und Finsterniß, und wie die beliebten Schlagwörter weiter heißen.

Es walten hier aber noch besondere Umstände ob.

Bis in die jüngste Neuzeit war das Judenthum kein gleichberechtigter Faktor im Staatsleben.

Es bestand eine gewisse unbewußte aber nichtsdestoweniger unüberwindliche Meinung, daß es dies nicht sein könne. Man begnügte sich aber, es von jedem öffentlichen Einfluß, von jedem Eindringen in die Adern des Volkslebens möglichst abzuschließen. Man verschloß mit einem Worte die Judenschaft in ein Ghetto, — was sie aber in diesem Ghetto lehrte und that, das blieb dann für die übrige Gesellschaft so ziemlich gleichgiltig.

In den letzten Dezennien sind diese Schranken gefallen. Die Thüren des Ghetto haben sich geöffnet. Mit offenen Armen wurden anfänglich die heranströmenden Juden aufgenommen: ein wiedergewonnenes Glied vollberechtigter Menschheit. Eins aber wurde übersehen: auch darauf ein Auge zu haben, wie die innere Beschaffenheit einzelner jener Glaubens- und Sittenlehren sei. Mußte die christliche Kirche in ihrem tausendjährigen Ringen mit dem Staate sich jene Art von Zensur, das placetum regium, immer gefallen lassen, so war dies nun aber auch um so mehr gegenüber diesem ganz fremdartigen Stamme am Platze, wenn er als vollberechtigtes Glied in die Gesellschaft eintrat. Lediglich ein Versäumniß, welches früher oder später mit unabweisbarer Nothwendigkeit nachgeholt werden muß, wird daher die Revision jener Lehren vom Standpunkte des gesunden Staatswohles aus sein.

Ich führe dies ausdrücklich an, weil sich hierauf, und hierauf allein, keineswegs aber auf religiöse Intoleranz jene Kritiken stützen, die sich das Satzungsbuch „Talmud" in neuester Zeit auf dem Gebiete der Wissenschaft hatte gefallen lassen müssen, und wovon auch eine solche im heute inkriminirten Thatbestand vorkommt.

Der Widerstand, den aber das Judenthum, resp. die dasselbe leitenden Persönlichkeiten, allen solchen auch noch so berechtigten Anforderungen entgegensetzten, führt von selbst zur letzten Seite der Frage, die ich als actuell politisch bezeichnet habe, und welche, ich glaube nicht unrecht zu haben, eigentlich die treibende ist, die der Judenfrage heute ihre umfassende, schon den größeren Theil Europas tief beeinflußende Bedeutung gegeben hat.

Wenn auf irgend einem Gebiete eine Bewegung auftritt, und sei sie an sich auch noch so gerechtfertigt, in allen Volksschichten empfunden, von der Regierung in Erkenntniß der Bedürfnisse selbst gestützt, wenn sie aber in ihren Konsequenzen auch nur im entferntesten geeignet ist, die Schädigung der speciell jüdischen Interessen herbeizuführen, so erhebt sich dagegen von dort ein einstimmiger Chorus. Reformiren sie auf wirthschaftlichem Gebiete im Sinne der Produktion und zum Abtrage der bloßen börslichen und außerbörslichen Speculation, so haben sie neun Zehntel der von Israeliten geschriebenen Presse und alle ihre Führer als geschworene Feinde. Und wenn gefährliche soziale Fragen unter dem Boden zümgeln, denen der weiter ausschauende und idealer fühlende Theil unserer Bevölkerung gerne durch weises und echt humanes Entgegenkommen die Spitze abbrechen möchte, so haben sie wieder als unerbittlichste Gegnerschaft vor allem die Sonderinteressen der Juden, die unsere höhere Achtung der Arbeit nun einmal nicht verstehen und die Rechte der Spekulation ohne Rücksicht auf die unausbleiblichen Konsequenzen verfolgt wissen wollen.

Es ist das jener Punkt, der den großen Staatsmann unserer befreundeten Macht zu dem Ausspruche bewogen haben soll: „In der That „in ihrer prinzipiellen Opposition gegen alle meine wirthschaftlichen Reformen „thäten die Juden das Möglichste, um mich zum Antisemiten zu machen," und dann weiters in seinem öffentlichen Organe zum Appell führte: „die „Judenschaft des Reiches thäte doch besser, sich den produktiven Gesellschafts„kreisen rückhaltslos einzuverleiben, als ihre Interessen stets und stets mit „jenen einer Börsen- und Preß-Clique zu identificiren." Und in der That, diese sogenannten Führer und Vorkämpfer des modernen Judenthums sind es, die ihm durch ihr Treiben mehr Feinde machen, als alle Antisemiten zusammengenommen. (Zustimmung im Auditorium.)

Dies glaubte ich in lapidaren Zügen der Sache vorauszuschicken, weil hieraus, keineswegs aber aus gewissen oberflächlichen, von Jedermann selbst als unwahr empfundenen aber dennoch noch immer im Schwange befindlichen Schlagwörtern und Phrasen, die Parteistellung sich wirklich charakterisirt, und weil ich von jetzt an nur mit wenig Konfusionen die nöthigen Folgen für die Erörterung des heutigen Falles ziehen kann:

Diesem Bewußtsein von der vielfältigen Wurzel der Judenfrage und der Nothwendigkeit, mit der dieselbe auf Erörterung und Lösung drängt, folgend, hat derjenige Mann, der sich heute über die Anklage zu verantworten hat, die inkriminirte Rede gehalten.

Die Frage, die Ihnen, meine Herren Geschwornen, nun vorliegt, ist die: Sind jene Erörterungen in dem Maße der erlaubten politischen Diskussion geblieben, oder haben sie etwa in das Gebiet strafbar verpönter Aufreizung übergegriffen?

Der Thatbestand des § 302 Strafgesetz erfordert, wie auch die an Sie, meine Herren Geschwornen, gestellte Frage ausdrückt, daß zu Feindseligkeiten gegen eine Religions-Genossenschaft oder einen Volksstamm aufgereizt wurde. Ich muß zunächst die schon so oft erörterte Frage auf's Tapet bringen, welche von der Vertheidigung stets in dem Sinne beantwortet wurde, daß von einer Aufreizung nur dann gesprochen werden kann, wenn nicht blos eine abträgliche Gesinnung erregt, sondern auch auf thatsächliche Aeußerungen derselben abgezielt worden ist.

Wiederholt schon hatten die Geschwornen die Aufgabe, über diese Frage schlüssig zu werden, und man behauptet, daß regelmäßig die Auffassung die Oberhand gewann: Es genüge keineswegs das bloße Erzeugen von Gesinnungen zur Strafbarkeit. — Hiezu kommt auch die Fassung des § 302, welcher ausdrücklich von der Aufreizung zu Feindseligkeiten und zur Hervorrufung von feindlichen Parteiungen, also jedenfalls von äußeren kontrolirbaren Vorgängen handelt, und hiefür spricht auch die Natur der Sache. Denn Gesinnungen sind Jedermanns eigene Angelegenheit, und die Erregung einer Gesinnung in einem Andern ohne Absicht, irgend welche That hervorzurufen, kann nach allgemeinen strafrechtlichen Grundsätzen nie und nimmer strafbar sein.

Aber auch diese Frage wird gegenstandslos, wenn man erwägt, daß eines unter allen Umständen gewahrt sein müsse; es ist das: „Die offene und freie Kritik". Es gehört zu den Anforderungen jeden gesunden Staatslebens und zur Natur des modernen konstitutionellen Rechtsstaates insbesondere, daß die Meinungsäußerung nicht beschränkt werde. Ueber vorhandene Gebrechen und die Mittel ihrer Abhilfe soll innerhalb des gesetzlichen Rahmens des Vereins- und Versammlungsrechtes Jedermann Gelegenheit gegeben werden, sich frank und frei auszusprechen. Die offene Erörterung solcher vorhandenen Schäden ist das Sicherheitsventil, durch das Unmuth abfließt und gerechtfertigte Beschwerden auch Gehör finden.

Mit der geistigen Waffe der Widerlegung, der Richtigstellung und Erörterung ist hier zu begegnen — alles Andere ist von Uebel, denn die unterdrückte Beschwerde läßt stets Verbitterung zurück und Zustände, die sich im Wege der Diskussion frei und friedlich lösen lassen, werden durch deren Hintanhaltung in gefährlicher Weise verschärft.

Auch ist es sehr häufig keineswegs der Kritiker, sondern eben das Kritisirte, welches aufregt. — Hier zu entscheiden, ob nun der Sprecher Recht hat, oder das Besprochene die Ursache des Uebels ist, dies greift eben der freieren Erörterung vor.

Zieht man nun an der Hand dieser Erwägungen, welche praktisch längst anerkannt sind, und ohne die ein wirklich freiheitliches Staatswesen gar nicht bestehen kann, die inkriminirten Aeußerungen des Angeklagten in Betracht, so kommt man wohl mit Sicherheit zu einem der Anklage gegentheiligen Resultate. Wenn der Angeklagte zunächst gesagt haben soll: „Der Jude habe sich zu unserem Herrn und Bedränger aufgeschwungen", so ist wohl Jedermann klar, daß hiemit wirthschaftliche Bedrängniß gemeint ist; daß und ob sie besteht, nun darüber zu urtheilen überlasse ich getrost den Herren Geschwornen, welche zumeist in der Mitte des praktischen Lebens stehen und seinen Pulsschlag fühlen. Da läßt sich leicht ermessen, ob wirklich allmälig ein erdrückendes Uebergewicht sich breiter und breiter macht, zum Nachtheile für alle Jene, die nicht die hier eingeschlagenen Wege gehen mögen, zum Nachtheile für uns, die angestammter Sitte und Gepflogenheit auch um den Preis des höheren Gewinnes nicht untreu werden wollen. Da läßt sich aber auch leicht ermessen, was auf einzelnen Geschäftsgebieten jener Einfluß schon zu Wege gebracht hat. Ganze Geschäftszweige wurden schon zerstört, des rücksichtslosen Vortheiles Einzelner halber. Wenn nur ich noch reich werde, der Geschäftszweig mag dann ruinirt sein für immer! Hier im Widerspiel zur alten Gepflogenheit, womöglich in Ehren das Gewerbe von Vater auf den Sohn zu erben, äußert sich so recht der Unterschied zwischen konservirender Thätigkeit und ihrem Gegentheil.

Eine Folge allgemeinen ungeahnten Umschwunges ist eben auch das Zurücktreten des christlichen Elements und dessen vom Angeklagten betonte Schwächung in wirthschaftlicher und politischer Beziehung. Wenn Holubek weiter fortfuhr: „es sei dahin gekommen, daß hier in Wien der Christ zittern müsse, sich als solcher zu bekennen," so ist weiters Jedermann klar, daß bei der natürlichen Deutung der Worte es sich eben hier um einen oratorischen Ausdruck handelt, daß hier nicht von thatsächlicher Schreckensfurcht, wohl aber von dem Umstande die Rede ist, daß durch jene unheilvolle Organisation, die sich die Repräsentanz der öffentlichen Meinung nennt und zu Aller Leidwesen zumeist nicht in christlichen Händen ist, das christliche Bekenntniß nur zu oft dem konsequenten Hohne ausgesetzt ist. Dies geschieht in einer Weise, die zwar nicht immer gerade für gesetzliches Eingreifen geeignetes Material bietet, die aber immerhin Manchen und Manchen in falscher Scheu von der offenen Bekennung seines Gefühles abhält.

Was nun den Bezug auf Tacitus betrifft, so will ich hier weitere literarische Ausgriffe vermeiden. Nahe legt der verurtheilende Ausspruch des ungläubigen römischen Geschichtsschreibers, bei dem die so oft in den Vordergrund geschobene confessionelle Voreingenommenheit denn doch ausgeschlossen sein dürfte, aber den Gedanken, ob es denn wirklich wahrscheinlich ist, daß in dem tausendjährigen Kampfe zwischen Ariern und Semiten, alle übrigen Völker beständig sich geirrt haben, und die Juden nur allein immer Recht hatten!

Ich komme nun zu dem wichtigsten Passus, am wichtigsten deshalb, weil nach demselben die Auflösung der Versammlung erfolgte und derselbe auch besonders inkriminirt ist. Und was war dieser Passus? — Man sollte es nicht glauben: Ein Citat! Der Verlauf der Verhandlung hat klar gestellt, daß das Citat ein richtiges ist und ich darf hinzufügen, es ist das mildeste, und es wären deren genug zu Gebote gestanden, die noch eine tiefere Perspective in den Geist des Talmud gestatten, während man es hier schließlich nur mit einer gewöhnlichen Beleidigung zu thun hatte. Und hier sind wir eben an jener Stelle, die ich Eingangs schon andeutete: früher oder später wird mit zwingender Nothwendigkeit die Frage der Revision dieses Satzungsbuches an den Staat herantreten. Und wenn dem entgegen der Herr Ankläger bemerkt, ja, es sei wahr, daß jene Stelle im Talmud vorkommt, allein derselbe sei wenige Jahrhunderte n a ch Christo geschrieben, wo ganz andere Verhältnisse herrschten, so bemerke ich: „Heute noch wird der Talmud in Talmudschulen gelernt und ist ein anerkanntes Religionsbuch"; weiters stelle ich die Frage: ist unser Sittengesetz nicht noch älter und müssen und können wir es nicht heutigen Tags noch rechtfertigen, wie es nach den echten Grundsätzen ewiger Moralität bereits zu Christi Zeiten niedergelegt wurde in der heiligen Schrift? (Stürmisches Bravo im Publikum — Präsident mit lauter Stimme: Noch eine Störung und ich muß den Saal räumen lassen.) Redner fährt fort:

Doch lassen wir diese allgemeinen Fragen. Heute steht ja doch schon Eines fest, daß, wenn Jemand wahrheitsgetreue Citate bringt, diese Aennung der Wahrheit nie strafbar sein kann, und weiters, daß, wenn dieselben aufreizend wären, der Verfasser des Buches, nicht aber Jener, der sich darüber aufhält, dafür verantwortlich ist. So ist denn das, was der Redner gesagt hat, die Sache bringt es eben mit sich, eine scharfe Kritik, aber nichts anderes als dies.

Das Bestreben, feindselige Gesinnungen zu erregen, geht hier nicht vom Redner aus. Eine Aufreizung zu Feindseligkeiten aber, wie es vom Standpunkte der Vertheidigung zum Begehen des Deliktes erfordert wird, ist hier schon ganz ausgeschlossen.

Ganz anders gestaltet sich die Sache aber noch, wenn man die Schlußtendenz ins Auge faßt. — Es ist festgestellt, daß nach den Absichten Holubek's der Zweck der Versammlung eine Resolution sein sollte, die auf gesetzlichem Wege die Lösung der Judenfrage anstrebte.

In der Einberufung einer Versammlung zum Zwecke einer Resolution an die gesetzgebenden Faktoren kann eine strafbare Handlung nicht liegen.

Jeder hat das gleiche Recht zu petitioniren, und daß unbilligen Petitionen keine Folge gegeben wird, ist Sache der gesetzgebenden Körperschaften, aber keine Frage des Strafgesetzes.

Und wenn man mir sagt, jene Resolution, welche die staatsbürgerlichen Rechte der Juden hätte beschränken sollen, verstoße gegen die Staatsgrundgesetze, so muß ich sagen, als Jurist staune ich über diesen Einwurf. Denn Jedermann ist es klar, daß kein Gesetz unabänderlich ist; auch die Staatsgrundgesetze haben sich mit der Prätension der Unfehlbarkeit nicht umgeben, vielmehr selbst die ganz bestimmten Formen vorgeschrieben, unter denen ihre Aenderung im gesetzlichen Wege erfolgen kann.

Genugsam sind in Oesterreich Petitionen vom Stapel gelassen worden, welche dieses oder jenes Staatsgrundgesetz für verbesserungsbedürftig erklärten, und kein Staat, der sich überhaupt auf den Standpunkt organischer Entwicklung stellt, kann die Unabänderlichkeit seiner Gesetze wollen.

Wenn mich die Herren Geschwornen fragen, was ich selbst von der Resolution halte, so sind wir auf einem andern Punkt. Meine Meinung thut hier wenig zur Sache. — Aber ohne im entferntesten dem Angeklagten nahetreten zu wollen, so meine ich doch, daß die Resolution nicht wohl durchführbar gewesen wäre. Aber undurchführbar nicht etwa deßhalb, weil wir unabänderliche Staatsgrundgesetze hätten, sondern nur deßhalb, weil durch so weitgehende Einschränkungen eben jene Zustände wieder hergestellt würden, die schon einmal zur Aufhebung dieser Beschränkungen geführt haben, da die Gesellschaft für die Dauer einen so klaffenden Spalt in sich nicht vertragen konnte.

Ich würde, und so auch viele Andere, eine Lösung der Frage viel lieber in der Weise sehen, daß durch allgemeine wirthschaftliche Normen das Uebergewicht der Spekulation über die Arbeit gebrochen, und hierdurch auch die heutige Sonderstellung der Juden auf jenes richtige Maaß, und ihr Einfluß auf jene geringe Bedeutung zurückgeführt würde, die ihnen im Vergleich mit den sittlich und geistig ganz anders veranlagten abendländischen Völkern zukommt.

Aber rechten darüber vor dem Strafgerichte kann man mit dem Angeklagten nicht, — ob sein Weg oder ein anderer der richtige ist, um die Uebelstände, die einmal da sind und die wir alle mitempfinden, zu beseitigen. — Die Resolution mag praktisch oder unpraktisch sein — eine strafbare Handlung kann aber darin gewiß nicht liegen, daß man an eine Maßregel der gesetzgeberischen Gewalt appellirt.

Dies geht schon an und für sich nicht, noch weniger aber erscheint dies möglich, wenn man näher hinsieht. Denn es sind ja nicht mehr als 30 Jahre, so bestanden derartige Gesetze noch in Kraft, ja bis in die fünfziger Jahre dauerte die Unfähigkeit der Juden, in Niederösterreich Grundbesitz zu erwerben. — Ich gebe zu, daß die Verhältnisse sich geändert haben, aber so, meine Herren Geschwornen, (mit erhobener Stimme) können sich die Verhältnisse auch in 30 und mehr Jahren nicht ändern, daß Etwas, was zu jener Zeit durch Gesetzeskraft geheiligt und sanktionirt war, heute anzustreben für ein Verbrechen gehalten werden soll!

Hiemit ist eigentlich die Rechtsbedeutung des Falles schon erörtert. Gehe ich aber, um nichts unerwähnt zu lassen, auch noch auf die Frage ein, ob Holubek thatsächlich eine Erbitterung hervorrief, so hat ja das heutige Beweismaterial uns geradezu Exquisites geliefert. Die Versammlung hat nach dem Berichte des kaiserlichen Kommissärs zum großen Theile aus Arbeitern bestanden. Nach den Mittheilungen des Angeklagten und nach den vorliegenden Aussagen der Zeugen v. Schönerer und Masaibek war eine große Anzahl gewerbetreibender Bürger, Höhergebildeter ꝛc., anwesend, um die Judenfrage diskutiren zu hören. — Die Aussage des Fabrikanten Reidhart bringt die Lösung dieses anscheinenden Widerspruches.

Wir haben heute gehört, daß nach dem Streite zweier Personen, anscheinend dem Arbeiterstande angehörig, vielleicht Setzer gewisser Journale, die zu dem edlen Zwecke in den Saal gesandt worden waren, die Versammlung durch Störungen zu sprengen, in der That Austheilungen von

Geldern zu diesen Zwecken stattgefunden haben. Das Mittel kennen wir. Auch in Berlin waren ja anfänglich solche künstliche Störungen derartiger Versammlungen an der Tagesordnung. Es sind das eben sehr edle Mittel im Kampfe der überlegenen „Intelligenz" gegen die „mittelalterliche Finsterniß". Was aber die Ausrufe in der Versammlung bei diesen Umständen zu bedeuten hatten und von wo sie herrührten, läßt sich nun wohl an den Fingern abzählen.

Der Vortrag war, wie schon die Einberufung an die Gewerbetreibenden, also an den Kern des Bürgerstandes lautend, entnehmen läßt, wie weiters die keineswegs gewöhnliche Diktion der Rede zeigt, für das gebildete Publikum bestimmt und dieses hatte sich auch eingefunden. Diesem sind derartige Ausrufe nicht zuzuschreiben.

Ein solches Publikum ist überhaupt nicht mit einer aufzureizenden wüsten Menge zu vergleichen, sondern es ist Urtheilskraft genug vorhanden, um blinder Aufregung zu widerstehen, selbst wenn solche, was hier nicht der Fall war, beabsichtigt gewesen wäre.

Fasse ich also jetzt zusammen, was die objektive Seite betrifft, so läßt sich darüber Folgendes sagen:

Keine Anreizung zu Feindseligkeiten in Handlungen oder auch nur Gesinnungen, sondern nur Kritik — scharfe aber berechtigte — Wahrheit in den Citaten, und Wahrheit kann nicht strafbar sein. Im Schlußzwecke eine gesetzgeberische Maßregel, und noch dazu bestehend lediglich in Reaktivirung schon zu Recht bestandener Gesetze. Aber auch im Erfolge keine Erbitterung, sondern nur künstliche Störung, endlich auch kein Publikum, was der Aufreizung zugänglich gewesen wäre.

Der objektive Thatbestand zerfließt demnach in Nichts.

Zum Ueberflusse kann auch das Gleiche von der subjektiven Willensbestimmung gesagt werden: Vom Endzwecke des Angeklagten habe ich schon gesprochen. Aber noch Eines: Sie finden hier eine Reihe von Sätzen beanständet, und wie die Verhandlung ergeben hat, sind diese nur Theile einer längeren Rede. Die Rede wurde in offener Versammlung in Gegenwart des Vertreters der Sicherheitsbehörde gehalten. Der Redner wurde wegen keines dieser Sätze zur Ordnung gerufen. Die Bemerkung des Herrn Staatsanwaltes, daß mehr als ein Ordnungsruf stattgefunden habe, beruht nach den Zeugenaussagen und der Polizei-Relation auf einem Irrthum. Auch die schließliche Auflösung erfolgte merkwürdiger Weise nicht bei einem Angriffe, sondern bei einem wahrheitsgetreuen Citat, und auch da nicht deßhalb, weil die Ausführung des Redners unmittelbar beanständet wurde, sondern deßhalb, weil hierin lediglich eine Abschweifung von der Tagesordnung erblickt wurde und der Vorsitzende sich weigerte, den Redner auf die Tagesordnung zu weisen. Ich will nun aber hier nicht den Herrn Kommissär angreifen. Derartige Angriffe auf Personen, die ihres öffentlichen Amtes walten, liegen mir gänzlich ferne. Es muß vielmehr Jedermann erkennen, daß eine solche Amtshandlung eine sehr schwierige ist und nicht gefordert werden kann, daß in der Flucht der Rede sogleich immer jener Standpunkt festgehalten wird, der nachträglich von der Anklage eingenommen wird. Aber was dem Einen recht ist, muß dem Anderen billig sein. Konnte und mußte nicht dementgegen der Redner, der von einem dieser Sätze zum andern glitt, ohne daß ein Ordnungsruf oder eine Beanständung stattfand, in der That glauben, daß nichts Strafbares in einer Handlungsweise liegen könne, die sich in Gegenwart des Aufsichtsorganes vollzog, daß man ihn nicht gewissermaßen unter den Augen der Behörde das Delikt vollziehen lassen, um ihn nachher erst zur Verantwortung zu ziehen.

Ein Anderes ist es aber endlich auch), meine Herren Geschwornen, in der Flucht der Rede vor offener Versammlung, in einer, keinem Redner mangelnden Aufregung von einem Worte zum andern zu eilen, als heute hier schriftlich auf der Sezirtafel des Paragraphen jede einzelne Wendung zu zerlegen, und, meine Herren, wenn wir einerseits sehen, daß die heute behauptete und von mir energisch bestrittene Straffälligkeit nicht einmal dem anwesenden Kommissär sofort auffiel, wie könnten wir dann andererseits so ungerecht sein, dasselbe von dem, des Rechtes weniger kundigen Angeklagten zu verlangen?

Das wäre ja mit ungleichem Maße gemessen. Und nun die Person des Angeklagten selbst, und diese kommt doch auch in Betracht, wenn man die Frage nach einer strafbaren Absicht und Handlung gründlich lösen will:

Die liefert denn aber der Wahrheit die Ehre, ein reines Spiegelbild, von dem auch eine viel besser fundirte Anklage wirkungslos abprallen würde.

Fern von allen selbstsüchtigen Regungen, die so oft Grundlage politischer Agitation bilden, hat er die Tribüne bestiegen. Ihn reizte nicht Ehrgeiz, sondern nur überquellende Gefühle, die in der That mehr als Einen überkommen, wenn er unsere Verhältnisse so traurig beeinflußt und so beklagenswerth verändert sieht, wo doch Alles so schön und glücklich sein könnte.

Der Angeklagte hat es zwar trotz seiner zweifellosen Leistungsfähigkeit und Begabung nicht auf jene Höhe gebracht, wo der Lorbeer des Schrift-

stellers goldene Blätter trägt — und es ist mitunter eine sehr bedenk=
liche Höhe das — aber ein einfaches, ehrliches Leben hat er geführt, seine
Feder nicht der Korruption preisgegeben, für seine Mitbürger ein warmes
Herz bewahrt und seine ganze makellose Person muthig eingesetzt für seine
Ueberzeugung!

Meine Herren Geschwornen! Ich kann mir nicht anmaßen, durch
meine heutigen Auseinandersetzungen Ihre Auffassung von der politischen
Seite der Sache vielleicht geändert oder beeinflußt zu haben. Dies ist auch
gar nicht meine Aufgabe. Aber die Ueberzeugung (bewegt und gehoben)
glaube ich redlich vertreten zu haben, daß in dem, was Holubek sagte,
zum mindesten ein gewaltig' Stück Wahrheit steckt, und daß die
Gesellschaft nur sich selbst den empfindlichsten Schaden zufügen würde,
möchte sie gegenüber den sich thurmhoch häufenden Beschwerden gleich
Vogel Strauß die Augen in den Sand stecken und in lethargischem Nichts=
thun die Entwicklung der Dinge erwarten!

Muß ja Jedem, der unser Wien länger bewohnt und liebt, wenn
er durch manche Straße geht, beinahe die Frage kommen: kenne ich diese
Stadt noch? und muß nicht bei dem Gedanken, — was geschähe, wenn
das nun in dieser Progression fortgeht, muß da nicht wahrhaft dem
Bürger, der seine Tochter endlich unter seinem Stamme verheiraten, der
seinen Sohn nicht unter dem Fremden dienen lassen will, schwer bange
werden um die Zukunft der theuren Kinder?

Daß Uebelstände vorhanden sind, leugnet — Hand auf's Herz —
Keiner, aber auch gar Keiner. Nur über die Mittel der Heilung gehen die
Meinungen auseinander.

Hoffen sie nicht Heilung solange die Schäden nicht benannt werden
dürfen. Fürchten sie nicht Schaden, sobald dies geschieht! Der deutsche
Nachbarstaat bietet diesfalls das leuchtendste Beispiel. Die vollste, ja un=
gemessene Freiheit wurde dort dem Meinungsausdrucke in dieser Bewegung
zu Theil — und gerade deßhalb ist es nie und nirgends zu einer jener
Gewaltthaten gekommen, die Ihnen heute von Seite der Anklage in
Erinnerung gerufen werden.

Deutschland ist eben der freien Erörterung der Sache, die allein
friedliche Lösung bringen kann, reif. Und uns ziemt als Kulturstaat kein
anderer Standpunkt — so wie wir auch in unserer Kultur keine andere
Stufe einnehmen wollen.

Immer noch haben die Geschwornen Wiens, wenn ihnen die Frage
nach Gestattung der Meinungsäußerung vorgelegen ist, diese Frage im

Sinne größtmöglicher Freiheit beantwortet — weichen sie auch heute, meine Herren Geschworenen, von diesem Standpunkte nicht ab, heute — wo gerade die Verurtheilung statt der gewünschten Beruhigung nur zu leicht das Gegentheil bewirken könnte.

Das wirksamste Palladium freier Meinungsäußerung — das Schwurgericht — wird, so ist meine feste Ueberzeugung, auch im heutigen Falle seinen Schutz nicht versagen, wo in der That die zitternde und bedrängte Wahrheit bei Ihnen ihr Recht sucht.

Sprechen Sie den Angeklagten frei!

(Allgemeine Bewegung folgte der mit hohem oratorischem Schwunge und wahrhaft hinreißendem Feuer gesprochenen Rede.)

Der Staatsanwalt spricht folgende

Replik:

Der Herr Vertheidiger eröffnet Ihnen nun eine ganz andere Perspektive. Ich habe Ihnen nahegelegt, frei von allen politischen Nebenrücksichten und im Hinblicke darauf zu urtheilen, daß hier ein Delikt gegen die öffentliche Ruhe und Ordnung vorliegt.

Der Herr Vertheidiger lenkt Ihren Blick aber in die Richtung, daß — ich glaube gewissermaßen zwischen den Zeilen gelesen zu haben — Wien in Gefahr sei, eine Judenstadt zu werden.

Abgesehen davon aber, daß all' Dies auf Ihr Urtheil keinen Einfluß üben kann, so ist diese Befürchtung doch unrichtig. Ich halte mich nur an das Gebiet der Statistik, und diese lehrt uns, daß von einer derartigen Befürchtung noch lange keine Rede ist.

Und wenn der sehr geehrte Herr Prozeßgegner seinen Besorgnissen den drastischen Ausdruck gegeben hat — und ich muß es wohl so verstehen — dem christlichen Bürger sei in der Zukunft darum bange, seine Tochter zu verehelichen, so ist diese Befürchtung unbegründet; und übrigens steht ja Jedermann frei — die Gesetze geben hiezu den Weg, sich zum Magistrate zu verfügen und dort eine Noth-Zivilehe mit anderen Glaubensgenossen zu schließen.

Aber auf all' Dies, meine Herren Geschwornen, kommt es ja gar nicht an, ich muß nur wiederholen, daß Sie wegen eines Vergehens gegen die öffentliche Ruhe und Ordnung hier sind und diese, meine Herren, muß aufrechterhalten werden.

Nichts ist hiefür gefährlicher, als wenn Brandreden von der Art der gegenwärtigen zugelassen werden. Wie leicht die Gemüther erregt sind — Sie haben es hier im Saale gesehen; heute entfährt das Wort einer solchen Brandrede, wie sie dem Angeklagten zur Last liegt, dem Munde und morgen ist der Zusammenlauf und die Gewaltthat geschehen.

Und (mit tiefem Nachdrucke) hiezu kann, hiezu darf es nicht kommen, die öffentliche Ruhe darf nicht gestört werden.

Wenn einmal abgesehen wird von den Fundamenten der staatlichen Ordnung, von der Unverletzlichkeit der Person und des Eigenthums, so läßt sich die entzündete Menge nicht mehr halten.

Hinter der Judenfrage steht dann eine andere noch viel gefährlichere, die soziale Frage. Glauben Sie ja nicht, daß, wenn es in der ersteren zu Gewaltthaten kommt, die Volksmasse hiebei stehen bleibt! Ist es einmal zur Gewalt gekommen, so kennt sie keine Grenzen und richtet sich gegen den Besitz selbst.

In Preßburg haben Sie erst jüngst das Beispiel gehabt und bei uns darf so etwas nicht möglich sein, es muß Alles, was darauf hinauslaufen könnte, im Keime erstickt werden.

Ich kann nur nochmals sagen, legen Sie sich ohne Zu- oder Abneigung, ohne Rücksicht, ob es sich hier um Juden oder irgend einen anderen Volksstamm handelt, die Frage vor, ob die Worte des Angeklagten geeignet waren, aufzureizen oder nicht? und dann die Frage: wenn wirklich die Versammlung aus Gleichgesinnten bestand, wie der Angeklagte behauptet, warum hatte er dann überhaupt nöthig, diese Brandrede zu halten, warum legte er der ohnehin hiezu geneigten Versammlung nicht einfach seine Resolution zur Abstimmung vor? so wird Ihre Antwort nur dahin lauten können, daß Sie, wie ich wiederholt beantrage, das „Schuldig" über den Angeklagten aussprechen.

Der Vertheidiger spricht folgende

Duplik:

Nur mit wenig Worten werde ich den Argumenten des Herrn öffentlichen Anklägers erwidern.

Es ist im Ganzen ein zweifacher Weg möglich, die öffentliche Ordnung und die Wohlfahrt des Staatswesens zu erhalten:

Die eine Maxime lautet: die Ruhe darf nicht gestört werden.

Jedes Wort, was geeignet ist dieselbe zu berühren, ist hintanzuhalten, zu unterdrücken. Die Aufrechterhaltung der äußeren Ordnung in dieser Weise ist die höchste Maxime der Staatsweisheit. Der andere Weg aber, der eingeschlagen werden kann, ist der entgegengesetzte: Gestattung der möglichsten seiner Meinungsäußerung. Die Beschwerde soll sich Luft machen, an den Tag treten, geprüft, und dann vom Grunde aus beseitigt werden. Welcher Weg der richtigere, dem wahren Staatswohl förderlichere und mit den Lebensbedingnissen unseres Culturstaates allein vereinbarliche ist, das überlasse ich getrost Ihnen zu entscheiden, meine Herren Geschwornen.

Mit dieser Entscheidung werden Sie aber zugleich auch darüber urtheilen, ob Wien wirklich der freieren Art der Lösung dieser Frage fähig ist, ob wir jenes Maß von Redefreiheit vertragen, wie es in Deutschland, ohne daß eine Ausschreitung zu beklagen war, geübt wurde, oder ob denn wirklich Bluttaten, Eigenthums- und Personsverletzungen vorauszusetzen sind, wenn in Wien die Frage, die Alle beschäftigt, öffentlich diskutirt wird.

Ich glaube nein, und wenn der Herr Staatsanwalt sagt, heute entfährt das zündende Wort dem Munde, und Morgen ist die Gewaltthat geschehen, so schöpfe ich die schlagendste Widerlegung aus dem Falle selbst. Denn an die sieben Monate sind es her, daß die inkriminirte Rede gehalten wurde, und nicht eine Ausschreitung hat unsere Stadt zu verzeichnen, und wird sie auch nicht zu verzeichnen haben, wenn man dem durch die Staatsgrundgesetze verbürgten Versammlungsrecht seinen freien Lauf läßt. Gerade zu dem Behufe haben wir ja unsere Rechte, um uns unbefangen zu äußern, und wenn die Stimme unterdrückt wird, so wird dadurch die Judenfrage nicht aus der Welt geschafft. Denn diese ist einmal da, das leugnet Niemand, auch die Anklage kann es nicht in Abrede stellen, und gerade durch Beschränkung der Diskussion, welcher der größte Theil der Presse ohnehin aus naheliegenden Gründen verschlossen ist, wird die Frage auf Abwege gedrängt und das Ziel erreicht, was die Behörde mit Recht vermieden wissen will.

Was nun den Hinweis auf die Statistik betrifft, so spricht diese wohl nur zu Gunsten der von mir vertretenen Ansichten. Es sind ja auf diesem Gebiete nicht blos die todten Ziffern, sondern die Progression ihrer Bewegung und die Stände auf die sie sich vertheilen, maßgebend. In dieser Richtung liefert ja gerade die Statistik den besten Beweis für die immer mehr fortschreitende Ueberwucherung der christlichen Bevölkerung durch das Judenthum.

Die Argumentation endlich, wenn Holubek nicht Absicht und Bedürfnisse hatte aufzureizen, hätte er nicht nothwendig gehabt, eine Rede zu halten, sondern einfach seine Resolution zur Abstimmung bringen können, ist nicht stichhältig, denn sogestalt würde sich ja jede Debatte in öffentlicher Versammlung aufhören.

Ich glaube in meinem Plaidoyer genugsam nachgewiesen zu haben, daß sich der Angeklagte keiner strafbaren Aufreizung schuldig gemacht hat, sondern nur eine scharfe aber noch immer im gesetzlichen Rahmen bleibende Kritik vorbrachte, daß er nur eine gesetzliche Maßregel anstreben wollte, und in derselben Weise, wie Sie, meine Herren Geschwornen, noch immer Recht und Redefreiheit geschützt haben, werden Sie es auch diesmal, Ihr „Nichtschuldig" über den Angeklagten aussprechen.

Der Angeklagte erklärt den Worten seines Vertheidigers nichts Weiteres beizusetzen.

Der Präsident erklärt die Parteien-Verhandlung für geschlossen und schreitet zum

Resume.

(Da dasselbe mit weniger erhobener Stimme zu den Geschwornen gesprochen und daher im Zuhörerraume, besonders in seinem ersteren Theile, nicht in jedem Worte hörbar war, müssen wir uns diesfalls auf eine skizzenhafte Andeutung beschränken.)

Präsident erläutert zunächst die Bestimmung des § 302 St. G. aus ihrem Wortlaute und Sinne dahin, daß nicht blos die Aufreizung zu thatsächlichen Feindseligkeiten, sondern auch die Erregung feindseliger Gesinnungen gegen Nationalitäten oder anerkannte Religionsgenossenschaften strafbar ist. Derselbe verliest die von der Anklage angeführten Bestimmungen des Staatsgrundgesetzes und resumirt hierauf die Ergebnisse des Beweisverfahrens, die Argumente der Anklage und die Einwendungen der Vertheidigung Punkt für Punkt. Derselbe bemerkt insbesondere, daß das Citat aus dem Talmud zwar bestätigt sei, durch das Werk eines Gelehrten, daß jedoch auch die Gesetze des Staates dafür bürgen, daß in öffentlichen Schulen nichts gelehrt wird, was Sitten- oder Rechtswidrig sei. Der Umstand, daß über die Verhandlung in den Zeitungen berichtet wurde, ist in der Verhandlung nicht nachgewiesen worden. Auch hat der Ankläger bereits hervorgehoben, daß durch nachträgliche Zeitungsberichte ein etwa schon begangenes Delikt nicht ungeschehen gemacht werden kann.

Betreffs Auflösung der Versammlung liegt vor Allem der vorgelesene Bericht der Polizei-Behörde vor, ebenso die Aussage des Regierungsvertreters, wonach die Unterbrechung erfolgte, um weitere Ungesetzlichkeiten zu verhindern.

Was die von der Vertheidigung betonte Redefreiheit betrifft, so braucht nicht hervorgehoben zu werden, daß die Gesetze einen sehr weiten Spielraum lassen, daß jedoch eine gesetzliche Schranke bestehen muß.

Daß es erlaubt sei Alles, unbedingt Alles, zu sagen, gilt weder in unserem Staate, noch wird es wohl irgendwo gelten. Der Präsident schließt mit folgenden, nachdrucksvollen Worten: Meine Herren Geschwornen! Sie haben bei Beantwortung der Frage nicht ihrer Meinung über einen Volksstamm Ausdruck zu geben, sondern nur darüber zu urtheilen, ob hier eine gesetzlich unzulässige Aufreizung vorliegt oder nicht.

Sie werden das Urtheil am sichersten fällen, wenn Sie ganz absehen davon, ob hier von der Judenschaft oder von irgend welchem anderen Volksstamm die Rede war. Setzen Sie einen beliebigen Stamm oder eine beliebige Religionsgenossenschaft an die Stelle — nennen Sie dieselbe X und fällen Sie dann Ihr Erkenntniß, so wird Ihnen die Beantwortung der Frage leichter sein, und Sie werden frei von aller Antipathie und Sympathie, die ja bei jedem Verdikte bei Seite gelassen werden muß, zu Ihrer Entscheidung kommen.

Meine Herren, kümmern Sie sich nicht vielleicht darum, wessen Ansicht der Eine oder der Andere sein mag, kümmern Sie sich nicht darum, ob aus Demjenigen, was gesprochen wurde, damals wirklich Gefahren entstanden sind oder nicht, sondern kümmern Sie sich nur um die gesetzliche Bestimmung; wenn Sie finden, daß das Gesetz verletzt wurde, dann sprechen Sie ohne Rücksicht Ihr Verdikt, denn Sie sind berufen, Gesetz und Recht, und nur dieses zu schützen und damit die öffentliche Ordnung und Ruhe zu wahren.

Die Geschworenen ziehen sich hierauf (1³/₄ Uhr) in ihr Berathungszimmer zurück. —

Der Saal bleibt dicht besetzt.

Um 2¹/₄ Uhr erscheinen die Geschwornen, der Gerichtshof, Staatsanwalt und Vertheidiger wieder im Saale. Es verkündet hierauf unter athemloser Spannung aller Anwesenden der Obmann der Geschwornen, Herr Albert Gaar, nachfolgendes

Verdikt:

Die Geschwornen haben nach Eid und Gewissen die an sie gestellte Frage folgendermaßen beantwortet: Einzige Frage, Hauptfrage: Ist der Angeklagte Franz Holubek schuldig dadurch, daß er am 4. April d. J. in Wien in einer von ihm einberufenen Versammlung christlicher Gewerbetreibender unter Anderem sagte:

„Der Jude sei nicht mehr unser Mitbürger, er habe sich zu unserem Herrn aufgeworfen, er sei unser Peiniger, unser Bedränger geworden,

Der Christ soll geschwächt, vernichtet, entehrt werden, es sei so weit gekommen, daß in der Hauptstadt des Habsburger-Reiches ein Christ zittern müsse, sich als Christ zu bekennen,

Ein Volk, dem schon Tacitus ein klassisches Brandmal aufgedrückt habe, habe sich zu unserem Herrn aufgeworfen, und uns sollte nichts übrig bleiben, als dieses Joch zu ertragen?

Beurtheilt, ob ein solches Volk inmitten einer zivilisirten Gesellschaft noch eine Existenzberechtigung hat. Ich will Euch nicht aufreizen, aber hört und fühlt! Dieses Buch ist der Talmud! und wißt Ihr, was in diesem Buche steht? die Wahrheit! Und wißt Ihr, wie Ihr in diesem Buche bezeichnet seid? Als eine Horde von Schweinen, Hunden, Eseln!", Andere zu Feindseligkeiten wider die jüdische Nationalität und Religionsgesellschaft angeeifert und zu verleiten gesucht zu haben?

Einstimmig nein!

Stürmische Hochrufe durchbrausten den Saal (der Präsident ermahnt zur Ruhe). Hierauf erfolgt die Verkündigung des

freisprechenden Urtheiles.

Vom äußeren Schauplatze.

Schon vor neun Uhr Morgens war der ausgedehnte Schwurgerichts=saal dicht gefüllt, und bereits vor Beginn der Verhandlung mußte eine große Anzahl von Besuchern wegen Raummangel abgewiesen werden. Den Zuhörerraum besetzte ein ungewöhnlich gewähltes Publikum, das der ganzen Verhandlung mit äußerster Spannung folgte, die besonders vor der Verkündung des Wahrspruches zur fieberhaften wurde. Man bemerkte unter den Anwesenden auch eine Anzahl Damen. Die Räume des Barreau waren zahlreich und zwar besonders mit höheren richterlichen Funktionären besetzt. Auf den Journalistenbänken waren wie gewöhnlich mit verschwindenden Ausnahmen — nur Israeliten anwesend.

Zu Beginn des Plaidoyers erschien auf der Galerie der Vice=präsident des Landesgerichtes Wien, Graf Lamezan=Salins in Gesellschaft eines Angehörigen eines auswärtigen Fürstenhauses und eines distinguirten Cercle, welcher den Parteienvorträgen mit Aufmerksamkeit folgte und bis zu deren Schlusse verblieb.

Nach Verkündigung des freisprechenden Urtheiles kam es vor dem Saale zu lebhaften Ovationen seitens des zahlreich versammelten Publikums.

Das „Neue Wiener Tagblatt", dem eine tendenziöse Nachricht in dieser Richtung sicher nicht zuzumuthen ist, schrieb hierüber: „Als der „Obmann der Geschwornen und einige Jury=Mitglieder aus dem Gerichts=„gebäude traten, ertönten die ersten Hochrufe; diese steigerten sich, als Herr „v. Schönerer und Dr. Pattai sichtbar wurden. Die beiden Führer wurden „von ihren Anhängern umringt und unter fortwährenden Hochrufen im „Triumphzuge die Alserstraße aufwärts geleitet bis zur Wickenburggasse."

So endete der Tag.